Nicht ohne meinen
Rettungsring

Pierre Franckh
Michaela Merten

Nicht ohne meinen
Rettungsring

Glücksmomente
für den Alltag

südwest°

Wer schon ein paar Tage auf der Welt ist...

… der weiß, dass es durchaus ratsam sein kann, sich ein oder zwei Rettungsringe zuzulegen. Wer den aberwitzigen Mut besitzt, sich auf eine Ehe einzulassen, der darf schon recht bald erfahren, dass ihm *nur ein paar* Rettungsringe bei Weitem nicht reichen werden.

Wer darüber hinaus auch nicht als Multimillionär geboren wurde und für seinen Unterhalt arbeiten muss, der braucht dringend noch weitere Rettungsringe. Wenn dann auch noch der Fortpflanzungstrieb für Kinder sorgt, dann benötigt man – aber hallo(!) – weitere, richtig gute Rettungsringe.

Auch Michaela und ich haben uns über die Jahre so einige Rettungsringe zugelegt. Für morgens, mittags und abends. Für vorher und für nachher. Und manchmal auch, damit es eben kein Nachher gibt.

Dieses Buch enthält nun unsere Lieblingsunterstützer, Festklammerer, Nicht-Abrutscher und Kurz-vor-dem-Straucheln-schnell-wieder-Auftauchen-und-so-tun-als-ob-nichts-gewesen-wäre-Rettungsringe – damit das Leben lebenswert bleibt.

In diesem Sinne wünschen wir Euch das Allerliebste
auf der Welt – ein glückliches Selbst!

Euer Pierre & Eure Michaela

Glücksmomente sammeln

Stell dir vor …

… du gehst in dein Lieblingscafé, und jemand schnappt dir den letzten freien Platz vor der Nase weg.

… du verwechselst Zucker mit Salz.

… du gehst ins Nebenzimmer, um etwas zu holen. Kaum bist du da, weißt du nicht mehr, was du eigentlich dort wolltest.

… du stehst in einer langen Schlange ewig an der Kasse, dann bist du endlich dran. Und natürlich ist jetzt die Papierrolle alle.

… du hast einen Großeinkauf getätigt, alle Sachen in deinen Taschen verstaut – und deinen Geldbeutel zu Hause vergessen.

… du gibst drei Mal die falsche PIN ein, und dein Handy ist gesperrt.

… du parkst rückwärts ein und übersiehst den Pfosten.

… du kommst nach einem langen Tag spät nach Hause und stellst fest, dass dein Schlüssel innen steckt.

… du hast deinen ersten Arbeitstag und verschläfst.

… du bist spät dran, und dein Auto springt nicht an.

… du stehst im Aufzug, und der Strom fällt aus.

… es regnet in Strömen, und du hast deinen Schirm zuhause liegen gelassen.

… du sitzt auf der Toilette, und jemand hat das letzte Toilettenpapier verbraucht.

… du lässt Badewasser einlaufen und schläfst auf dem Sofa ein.

… du hast gerade einen Kuchen im Backrohr, wirst durch ein Telefonat abgelenkt und …

… du kommst aus dem Urlaub zurück und findest nur Rechnungen und Mahnungen in deinem Briefkasten.

9

Manchmal fordert uns der Alltag ganz schön heraus. In einigen Momenten haben wir einen Rettungsring dringend nötig. Etwas zum Festhalten im Alltag, das uns innere Sicherheit gibt, wenn wir kraftlos sind und Energie verloren haben. Etwas, das uns wieder leicht macht, wenn es gerade einmal schwer ist. Etwas, das uns zum Lachen bringt, wenn uns zum Heulen zumute ist. Und das uns den Alltag versüßt, wenn es stressig zugeht.

Wenn ich unvorhergesehen in eine unangenehme oder mitunter auch in eine ärgerliche Situation gerate, nehme ich mir stets einen kurzen Augenblick Zeit. Ich halte inne, verbinde mich mit meiner Mitte und nehme mir den Moment, um tief durchzuatmen. Vor meinem inneren Auge stelle ich mir dann schöne, entspannte, glückliche Bilder vor – und atme damit Gelassenheit ein. Du kennst sicher den Spruch: „Nichts wird so heiß gegessen, wie es gekocht wird." Mit einem kleinen Abstand betrachtet, sehen manche Situationen schon gleich gar nicht mehr so wild aus. Manchmal handeln wir (zu) impulsiv, aus unserer aktuellen Laune heraus. Gesteuert von Emotionen und Hormonen, lassen wir uns zu einer unüberlegten Handlung oder Äußerung hinreißen. Wir gehen in Aktion und denken erst hinterher über ihren eigentlichen Sinn nach.

Und oft stellen wir fest, dass unsere Lage durch die spontane (Re-)Aktion nicht besser geworden ist. Im Gegenteil: Manchmal verschlimmern wir das Ganze sogar noch!

Das kurze Warten, um mich zu sammeln und überlegt reagieren zu können, ist mein Rettungsring in brenzligen Situationen. Denn die Versuchung, sofort mit Angriff zu reagieren, ist oft groß. Da ist es ein wunderbarer Rettungsring, eine Pause einzulegen, durchzuatmen, Wut, Ärger, Frust verpuffen zu lassen. Nachzudenken. Zu sich zu kommen. Und sich zu überlegen:

Schätze ich die Situation gerade richtig ein? Werde ich der Situation gerecht? Oder übertrage ich meine schlechte Laune einfach nur auf jemand anderen?

Wenn ich schlecht drauf bin, dann halte ich auch kurz inne und frage mich selbst: „Wo kommt diese Stimmung her?" Dann finde ich in mir eine Antwort und erkenne, dass sie vielleicht mit einer vergangenen Situation verbunden ist, und dass sie mit diesem Moment gerade gar nichts zu tun hat. Wenn ich dann die Ereignisse und Gefühle sortiert habe, dann kann ich voller Erleichterung und Freude feststellen, dass sich – wie durch ein Wunder – nicht nur meine eigene innere Anspannung, sondern auch der kleine Wirbelsturm um mich herum gelegt hat.

Alles hat einen Sinn

Manchmal *sticht mich der Hafer,* und ich gebe aus einem Impuls heraus einer Freundin oder einem Freund einen „guten Rat" – ich sage ihm auf den Kopf zu, was ich meine und das auf eine sehr temperamentvolle Art. Danach denke ich oft: Oh, mein Gott, hättest du nicht an dich halten können? Wer sagt denn, dass deine Meinung zutrifft? Musste das sein? Du hättest doch auch weniger heftig und deutlich vorgehen können, etwas zartfühlender vielleicht?!

Sehe ich die Freundin oder den Freund wieder, rechne ich in meinen schlimmsten Befürchtungen sogar mit einem Abbruch der Freundschaft. Aber was passiert? Ich werde mit Dank überschüttet! Ich bekomme zu hören: „So wie du hat es mir noch niemand gesagt, endlich verstehe ich die Zusammenhänge! Es hat sich vieles gelöst und wurde klarer. Danke …"

Uff, Glück gehabt! Mittlerweile ist das mein Rettungsring: Mein Vertrauen darauf, dass alles so kommt, wie es soll und einen tieferen Sinn hat, auch wenn wir ihn manchmal nicht sofort erkennen (können). Und der Gedanke daran, dass es nichts Wichtigeres gibt als ein Gegenüber, das einen sieht, erkennt, akzeptiert und nimmt, wie man ist.

Es gibt so Tage, da ...

... läuft einfach alles schief. Da steht man schon mit dem falschen Fuß auf. An solchen Tagen ist es schön, wenn man einen Rettungsring hat, an dem man sich festhalten kann. Ich habe dafür ein Morgenritual – mit dem beginne ich meinen Tag. In aller Ruhe, ohne Hektik. Ich nehme mir Zeit für eine kleine Teezeremonie und tanke Kraft. Damit starte ich in den neuen Tag. Wenn der würzige Duft des dampfenden Chai-Tees den Raum erfüllt, begrüße ich den neuen Tag – ganz entspannt und gelassen. Ich tauche ein in den Geschmack. Ich spüre die Wärme in mir aufsteigen. Fühle mich wohl. Bin geborgen.

Die kleine Teezeremonie ist mein Ruhepol, meine Auszeit und mein „OM" im Alltag. Ich genieße, bin und schweige. Atme durch. Und auf meiner Stirn klebt dann ein imaginäres Schild: „Ich bin jetzt nicht verfügbar!"

Meine Badewannen-Meditation

Genauso heilig wie mein Teeritual ist mir mein Wasserritual. Wasser ist mein Element und immer einer meiner Rettungs-ringe im Alltag. Ich reserviere mir mindestens ein Mal in der Woche eine Stunde Zeit für ein Bad mit heilwirksamen Bade-zusätzen. Wenn ich die Badezimmertür hinter mir schließe, bleibt der Alltag draußen. Ich bin dann mal weg. Auf meiner eigenen Insel. Ich tauche ab. Das tut meinem Geist und meiner Seele gut, jetzt für nichts und niemanden erreichbar zu sein. Ich kann dann Gedanken kommen und gehen lassen, ihnen nachhängen oder auch nicht, einfach nur im warmen Wasser liegen und nichts tun. Meistens zünde ich mir auch eine Kerze an und lasse schöne Musik laufen. In der Badewanne kommen mir die besten Ideen: Ich lasse meinen Tagträumen freien Lauf und tauche in die Bilderwelt meiner Phantasie ein – „Träume sind die Wünsche der Seele."

Wir brauchen jeden Tag ICH-Zeit

Zeiten, die wir nur für uns reservieren und die Dinge, die uns wichtig sind, machen uns glücklich. Ich bin irgendwann unausgeglichen und werde unzufrieden, wenn ich länger keine Zeit mehr für mich hatte. Dabei kann es ganz leicht gehen, sich jeden Tag wertvolle Momente für sich selbst zu kreieren. Den eigenen Lieblingsplatz aufzusuchen, seiner Lieblingsbeschäftigung nachzugehen oder spontan das zu tun, was einem gerade durch den Sinn geht.

Ein Mal in der Woche reserviere ich Zeit nur für mich. Zeit, die ganz mir alleine gehört. Dann tue ich nur Dinge, die mir Spaß machen. Ich liebe es, durch die Stadt zu bummeln, in die Schaufenster zu schauen und mich von der bunten Vielfalt inspirieren zu lassen. Genauso schön ist es, in meinem Lieblingscafé zu sitzen und die vorbeiströmenden Menschen zu beobachten. Oder in meine Lieblingsbuchhandlung zu gehen und in die Welt der Bücher abzutauchen. Oder auf dem Sofa zu liegen und die Lieblings-DVD zum zehnten Mal anzusehen. Mir Blumen zu schenken und sie in einer Vase auf der Fensterbank vor dem Schreibtisch zu platzieren. Diese Ich-Zeiten sind kostbar, weil

13

sie so selten sind und uns gleichzeitig so viel geben. Sie sind mein Rettungsring im Alltag.

Die Kraft der Glücksmomente

Um mich in die innere Balance zu bringen, nutze ich oft die Kraft der Glücksmomente. Das sind ganz private Erinnerungen an berührende, sehr emotionale Begebenheiten und Situationen. Sicher hast du auch viele schöne Erinnerungen an berührende Momente in deinem Leben. Diese Glücksmomente sind mein Rettungsring, wenn ich das dringende Bedürfnis habe, mich wieder in eine positive Stimmung zu begeben.

Einen dieser Momente möchte ich gerne mit dir teilen: Da ich Wasser so liebe und fasziniert bin von der prächtigen Unterwasserwelt, haben Pierre und ich den Tauchschein gemacht. Als Julia gerade zwölf Jahre alt geworden war, fanden wir es alle drei sehr schön, wenn sie den Tauchschein in unserem Urlaub auf den Malediven machen würde. Sie lernte alles sehr schnell, und so konnten wir bald gemeinsam in die bunte Fischewelt eintauchen. Ich kann mein Glücksgefühl kaum beschreiben, als ich meine süße Tochter ganz entspannt unter Wasser neben mir schwimmen sah.

Ich befand mich in einem Zustand zwischen Lachen und Freudentränen unterdrücken und musste aufpassen, dass ich mich nicht verschluckte. Als wir so glücklich nebeneinander im Wasser schwebten, die bunten Korallen und die vielen kleinen Fische beobachteten, schwammen riesengroße, majestätische Mantas auf uns zu. Ich erstarrte fast vor Glück, denn ich hatte immer davon geträumt, diese wundervollen Tiere zu sehen – und nun blieb mir fast das Herz stehen. Sie waren so anmutig, wie sie da unter Wasser auf uns „zuflogen". Ein Manta war ganz neugierig, er „bremste" richtig, um noch näher an uns heranzuschwimmen. Ich schaute Julia an, und sie sagte mir mit Gesten, dass ich mich ihm nähern sollte, weil sie mit der Unterwasserkamera ein Foto machen wollte.

So habe ich nun in mir das Bild dieses wunderschönen Augenblicks und auch noch ein – ziemlich blaues – Foto mit mir und dem Manta. Es war und bleibt ein unvergessliches Erlebnis!

Heute, wenn ich die Hektik und das Hamsterrad besonders stark spüre, dann erinnere ich mich an den wunderschönen Moment, als es nur mich, meine Tochter und den Manta gab, wie er ruhig und entspannt auf mich zuschwamm. Die Geräusche unter Wasser haben sich tief in mein Zellgedächtnis eingegraben und sind immer wieder abrufbar, wenn ich mich darauf konzentriere.

Sicher hast du auch schon einen ähnlichen Augenblick erlebt. Wir alle haben viele Glücksmomente zur Verfügung, die wir uns zu unserem ganz persönlichen Rettungsring machen können! Erinnere dich an einen schönen Sonnenuntergang, eine Gipfelbesteigung, Stunden mit Freunden, gute Neuigkeiten und positive Überraschungen. Ruf deine Erinnerung daran hervor, wenn du in der überfüllten U-Bahn stehst, im Stau steckst, dein Projekt geplatzt ist, das Telefon pausenlos klingelt – wenn du dich schwer fühlst oder in einem Gedankenkarussell rotierst.

Diese Momente in deiner Erinnerung verbinden dich ganz schnell mit deinem Glücksgefühl. Das ist dein Rettungsring inmitten dieses ganzen Trubels, denn du weißt ja: Nach dem Gesetz der Resonanz ist es wichtig, erst einmal selbst glücklich zu sein, damit das Glück in deinem Leben wieder stattfinden kann …

Verschenke ein Lachen

Wenn man bereits einige Zeit in einer Beziehung ist, gibt es kein größeres Geschenk. Wenn man Glück hat, wird man damit reich beschenkt. Dann ist die Welt in Ordnung und alles ist gut. Michaela beschenkt mich reichlich damit. Nein, ich meine nicht das, woran Männer als Erstes denken. Das bekommen wir doch schon zu Weinnachten und Ostern. Und manchmal auch ganz spontan, wenn wir es gar nicht erwarten.

Nein, ich meine ein noch viel größeres Geschenk. Und das viele, viele Male am Tag. Und damit scheidet ja der Sex wohl aus. Das Geschenk, das ich mehrmals am Tag erhalte, ist Michaelas unglaubliches Lachen. In meinen Augen gibt es nichts Bezaubernderes als ein Lachen. Lachen ist so ansteckend.

Ich liebe es, wenn ihre Augen vor Freude ganz schmal werden. Die Grübchen an den Mundwinkeln sich zu zeigen beginnen und die kleinen, verschmitzten Falten an den Augen plötzlich vermehrt auftreten.
Und dann kommt der Klang, den ich so lieb habe. Glockenhell, glucksend, voller Entzücken. Und wie ansteckend ihr Lachen ist! Wie befreiend. Und das Beste daran ist, wenn *ich* sie zum Lachen gebracht habe. Dass ich sie immer wieder zum Lachen bringen kann. Seit zwanzig Jahren! Gibt es etwas Größeres? Gibt es etwas Schöneres?

Ich habe mal eine Studie gelesen, dass Frauen als wichtigstes Kriterium in der Partnerschaft ankreuzen, dass der Partner sie zum Lachen bringen soll. Und ich toller Super-Tarzan kann das! Bin ich froh!

Warum lacht man eigentlich öfter, wenn man jünger ist und scheint es mit zunehmendem Alter mehr und mehr zu verlernen? Dabei könnten wir durch das Lachen sogar älter werden! Psychologen haben herausgefunden, dass man fünf bis sechs Jahre länger lebt, wenn man viel lacht. Was für eine wundervolle Vorstellung, noch mehr Zeit mit Michaela verbringen zu können!

Kinder lachen bis zu 400 Mal am Tag, ein Erwachsener nur noch etwa 15 Mal – diese traurige Tatsache wurde von Lachforschern festgestellt.

Lachen verbindet und lässt vergeben und vergessen. Das macht gute Laune, schüttet Glückshormone aus und bringt Freude.

Lachen. Lachen. Lachen. Es gibt täglich tausend Grunde, um zu lachen – oder sich zu ärgern … der ganz alltägliche Wahnsinn lässt sich mit Humor viel besser ertragen. Wie komisch sind doch Männer. Wie lustig sind doch Frauen. Wenn Paare mehr über ihre Unterschiede lachen könnten, statt zu streiten, gäbe es mehr glückliche Ehen.
Unser Rettungsring? Lachen.

Lachfalten sind sexy!

Beim intensiven Lachen werden Botenstoffe im Gehirn ausgeschüttet, die uns in einen rauschartigen Zustand versetzen können. Über 300 Muskeln werden aktiviert, alleine 17 davon im Gesicht. Die Anzahl der Abwehrzellen des Immunsystems steigt, und der Körper wird mit Sauerstoff durchflutet. Ich persönlich werde mit Glück durchflutet.

Klar kannst du mir jetzt erwidern: Im Alltag habe ich nichts zu lachen! Darauf antworte ich dir: Dann finde etwas! Irgendeine Kleinigkeit, die du süß, zauberhaft oder komisch findest, damit du in eine optimistische Stimmung kommst. Ich kenne jemanden, der liest morgens gleich nach dem Aufstehen Witze – sehr viele Witze –, bis er in einer beschwingten Stimmung den Tag begrüßen kann. Es kommt immer auf den Blickwinkel an, du entscheidest jede Sekunde selbst, ob du etwas ärgerlich, schön oder lustig findest. Manchmal stellt sich im Nachhinein – oder wenn man davon erzählt – eine ärgerliche Situation als besonders komisch heraus.

Du kennst doch diesen Spruch:
„Die Lebensspanne ist dieselbe, ob man sie lachend oder weinend verbringt." (Chinesische Weisheit)

Dieses Zitat ist mein Rettungsring, wenn ich im Alltag vergesse, über mich und die Situation zu lachen. Die innere Bereitschaft, die Lage aus einer gesunden Distanz zu betrachten, lässt mich viel entspannter durchs Leben gehen.

Freue dich an deinem Sein und vergiss jedes Selbstmitleid – es hilft einem sowieso nicht weiter. Vermeide auch jegliche zynische Bemerkung über andere Menschen, das schwächt dich und macht dich nur klein. Niederlagen mit Humor einzustecken und wieder aufzustehen, das bringt dir Respekt und Achtung ein.

Eine positive Lebenseinstellung öffnet dein Denken für die Kreativität. Dir fallen mehr Lösungen für die täglichen Herausforderungen des Lebens ein, als wenn du nur „Probleme wälzt". Ich kann mich noch gut daran erinnern, wie Michaela und ich als „Klinik-Clowns" die Kinder in der Krebsstation besuchten. Wie glücklich wir waren, den Kindern ein Lachen zu schenken – und wie schnell sie sich in eine lustige, poetische und spielerische Welt entführen ließen!

Diese Erfahrung in der Kinderklinik hat mein Leben verändert. Seitdem bin ich noch dankbarer für das Geschenk des Lebens. Viele Leute sagen über mich, dass ich ein Witzbold sei. Das stimmt. Ich bin lieber ein Witzbold als ein Trauerkloß … Ich will doch mit Spaß und Freude älter werden!

Das Leben ist so schön. Entdecke deine Glücksfähigkeit wieder, erinnere dich daran, wie du als Kind grundlos gelacht hast und einfach albern warst.

Was für eine glückliche Fügung, dass ich Michaelas Lachen als Rettungsring in meinem Leben habe – in seinem Klang höre ich das glucksende kleine Mädchen, welches staunend in die Welt blickt. Lerne das Staunen wieder! Und zwar mit unglaublich viel Humor. Und bring dich und andere wieder zum Lachen.

21

Sei ehrlich zu dir selbst

Als Pierre und ich anfingen, Bücher zu schreiben waren wir so enthusiastisch dabei, dass wir Raum und Zeit komplett vergaßen. Vor allem Pierre schrieb Tag und Nacht, ohne zu essen und zu trinken. Auch ich blühte in meiner neuen Tätigkeit auf. Wir hatten so viel mitzuteilen! Endlich konnte ich darüber schreiben, was mich wirklich interessierte – statt fremde Texte zu sprechen, was mir den Beruf als Schauspielerin etwas verleidet hatte. Jahrelang haben wir unsere neue Leidenschaft, Menschen mit unseren Büchern zu berühren, rund um die Uhr ausgelebt. Bis wir letztes Jahr merkten, dass wir langsam, aber sicher ausbrennen. Dass man sich auch mit etwas Wundervollem körperlich erschöpfen kann.

Wenn sich mein Körper nicht ab und zu melden würde, mit Hunger oder Schlafbedürfnis, dann würde ich einfach so weitermachen – bis meine Asche in alle Winde verstreut wird. Aber da ich noch lange gesund bleiben möchte, habe ich nun seit ein paar Monaten eine Verabredung mit *mir selbst.* Das leiste ich mir – als kleine Insel im Alltag: Entweder im Café oder im Park, oder Pierre und ich verabreden uns zur gemeinsamen Mittagspause in unserem kleinen Bistro um die Ecke. Da wir zu Hause arbeiten – Pierre im Erdgeschoss und ich im ersten Stock –, war es am Anfang witzig, sich richtiggehend zu verabreden, mit Uhrzeit und so … Aber wie sich herausgestellt hat, müssen wir uns selbst überlisten, um Zeit für uns zu haben und diese auch zu genießen. Wenn wir zu Hause blieben, dann säße jeder von uns gleich wieder am Computer. So freuen wir uns wie Kinder auf unsere kleinen Auszeiten. Und erzählen einander viel darüber, was uns bewegt. Überhaupt ist das Reden unser Rettungsring. Das geht immer. Ich glaube, weil unsere Beziehung mit stundenlangen Telefongesprächen begonnen hat, sind wir es gewöhnt, über alles zu sprechen. Und wir wollen einander immer alles mitteilen! Wir reden schnell, durcheinander und springen von Thema zu Thema – und beschweren uns einer beim anderen, dass er uns *nie* zu Wort kommen lässt …

Emotionen leben

Es gibt noch einen Rettungsring, der uns erst so wirklich aufgefallen ist, als wir anfingen, Seminare zu leiten: die Reife der Gefühle. Ich möchte damit sagen, dass wir beide zu jeder Zeit Zugang zu unseren Gefühlen haben, diese verstehen, gut einordnen können, ausleben und auch kommunizieren können.

Für mich überraschend habe ich erfahren dürfen, dass die meisten Menschen Angst haben vor ihren Gefühlen. Sie fühlen sich überwältigt und wissen nicht, wo die Gefühle herkommen und wo sie damit hin sollen.

Gefühle zeigen? Ganz unmöglich! Offensichtlich hat man ihnen in der Kindheit beigebracht, Gefühle zu unterdrücken, weil sie so besser zu kontrollieren waren. Werden Gefühle aber verdrängt oder vergessen, suchen sie sich ein Ventil, das den ganzen „Dampf" irgendwann mit voller Wucht ablassen kann. Unterdrückte Emotionen, die jahrelang unter dem Mantel der Kontrolle steckten, lagern sich im Körper ein und können dort zahlreiche Beschwerden auslösen. Viele Menschen denken auch, es wäre falsch, etwas zu spüren und sie wären „nicht in Ordnung", weil sie so empfinden.

Als ich begann, mich mit den Schriften des Dalai Lama zu beschäftigen und den tibetischen Buddhismus besser und besser kennenlernte, wurde mir klar, dass es um die Heilung der

Gefühle geht. Um das Verstehen, wo sie herkommen, mit dem Ziel, seine Gefühle zu beobachten, sich aber nicht von ihnen in die Irre führen zu lassen. Unbewältigte Ängste können zu Überreaktionen führen oder zu falschen Entscheidungen verleiten, weil man den Überblick verliert. Es ist einerseits wichtig, sich mit seinen Gefühlen auseinanderzusetzen, andererseits sollte man sich davon nicht überwältigen lassen. Die Meisterschaft des Lebens, die Reifung zum vollendeten Menschen, braucht Zeit und Erfahrung. Um Mitgefühl für unsere Mitmenschen zu entwickeln, sollten wir erst einmal selbst spüren, was das ist.

Um Klarheit in das Chaos der Gefühle hineinzubringen, braucht es Ehrlichkeit. Sei ehrlich zu dir selbst. Prüfe deine Reaktionen genau und frage dich, wo sie herkommen und ob sie wirklich mit der Situation zu tun haben, oder ob sie eine Art zwanghafte Antwort auf ein zurückliegendes Ereignis sind. Um diese Ehrlichkeit sollte man sich Tag für Tag bemühen, denn das Bedürfnis zu fliehen, ist groß. Wir wollen ausweichen, nicht wahrhaben und wegrennen. Aber vor uns selbst können wir nicht davonlaufen. Selbst wenn wir auswanderten – wir nähmen uns selbst immer mit. Es ist viel effektiver, sich dem zu stellen, was Angst macht, um innere Reife zu erlangen. Erwachsen werden bedeutet, Verantwortung für die eigenen Handlungen zu tragen. Ich persönlich bin gerne erwachsen – und auch gerne wieder Kind. Aber ich weiß in jedem Moment, wer aus mir heraus meine Handlungen bestimmt und werde nicht mehr überwältigt von herausbrechenden Gefühlen, die sich zeigen wollen. Diese Reife ist ein Schlüssel zum Glück, weil man ruhiger, geduldiger und großzügiger wird – sich selbst und anderen gegenüber. Reife kann man lernen – und man kann sie erlangen. Reife ist ein großartiger Rettungsring!

Der liebevolle Blick

Kannst du dich noch daran erinnern, als du frisch verliebt warst? Im Laufe eines Lebens hat jeder von uns so manche Erfahrung machen dürfen. Viele Erfahrungen haben uns gefallen und uns Freude bereitet. Oft waren wir dabei auch richtig glücklich.

Es gab Zeiten, da waren wir verliebt bis über beide Ohren und sind vollkommen in alle diese Glücksgefühle eingetaucht. Wenn wir uns daran zurückerinnern, als wir verliebt waren, so wissen wir sicherlich noch, dass wir in dieser Zeit die Welt mit ganz anderen Augen betrachtet haben. Unsere Wahrnehmung war einfach anders …

Alles schien in bester Ordnung zu sein. Über so viele vermeintliche Missgeschicke lächelten wir einfach nur hinweg. Sie waren nicht wichtig genug für uns. Selbst wenn uns der Bus knapp vor der Nase wegfuhr, freuten wir uns, dass wir nun wenigstens etwas frische Luft schnappen konnten. Und wenn es im Büro Ärger mit dem Chef gab, dann grinsten wir innerlich und waren der Meinung, das sei doch ganz prima, denn dann hätten wir das für heute wenigstens hinter uns. Gleichgültig, ob es warm oder kalt war, ob die Sonne schien oder schwerer Regen auf uns niederprasselte: Wir bewerteten die Welt mit den Augen eines Liebenden. Und wir schenkten uns und unserer Umwelt eine positive Betrachtungsweise.

Mit dem Blickwinkel der Verliebtheit sahen wir nur noch das Schöne. Das ist doch interessant … Die Welt war immer noch die gleiche und dennoch hatte sie sich für uns vollständig verändert. Wir waren glücklich und ließen alle anderen an unserem

Glück teilhaben. Wir waren nicht nur glücklich, wenn wir bei unserer Angebeteten sein konnten, sondern wir waren es rund um die Uhr.

Unser Bewusstsein hatte sich geändert und damit unsere Sicht auf die ganze Welt. Unsere Grundeinstellung war durch die Liebe positiv geprägt, und damit war unser eigener Fokus auf das Glücklichsein ausgerichtet.

Liebe ist, die Welt mit anderen Augen zu sehen

Diese Information ist für uns sehr wichtig, denn aus der Hirnforschung weiß man inzwischen, dass wir immer nur das wahrnehmen, worauf wir unseren Fokus legen. Das ist im Grunde genommen auch sehr einleuchtend, denn wir kennen das aus eigener Erfahrung: Sind wir griesgrämig, müde, überarbeitet oder abgespannt, oder hatten wir gerade Probleme zu überstehen, dann scheint vieles in unserem Leben plötzlich wesentlich schlechter zu laufen.

Ein Missgeschick folgt dem nächsten. Wir befinden uns augenscheinlich in einer endlosen Schleife von Unannehmlichkeiten und die Welt scheint sich vollständig gegen uns gerichtet zu haben. Vielleicht ist es aber in Wahrheit genau andersherum? Nicht die Welt hat sich gegen uns gerichtet, sondern wir uns gegen die Welt.

Wir alle kennen den uralten Spruch: „Wie man in den Wald hinein ruft, so schallt es wieder heraus." Wenn wir die Welt mit kritischen Augen betrachten und alles negativ sehen, dann filtern wir nur das Negative heraus. Wir grenzen uns auf diese Weise vom eigenen Glück aus.

Unser Glück verdoppelt sich, wenn wir es teilen

Und genau in dieser Erkenntnis liegt der Rettungsring für unser eigenes Glück: unsere Wahrnehmung. Es ist unsere Entscheidung, es liegt immer in unserer eigenen Betrachtungsweise. So wie wir die Welt sehen, so zeigt sie sich uns.

Warum wir zunächst eher pessimistisch sind, liegt auch auf der Hand. Wir haben in unserem Leben natürlich nicht nur Beglückendes erfahren, sondern sicherlich auch viele Dinge, die uns überhaupt nicht gefallen haben. Dinge, die uns emotional sehr verletzt haben. Vielleicht sogar tief greifender, als wir es zugeben wollen. Womöglich hat sich die damalige Verliebtheit ins Gegenteil verkehrt. Oder andere Dinge in unserem Leben liefen nicht so, wie wir es uns gewünscht hätten. Wenn wir auf ein gelebtes Leben zurückblicken, können wir immer viele Höhepunkte, aber auch viele Momente erkennen, die wir lieber nicht erlebt hätten.

Interessanterweise erinnern wir uns wesentlich stärker an die Dinge, die nicht so gut funktioniert haben. Also an Erlebnisse, die wir bis heute nicht verarbeitet und überwunden haben.

Das Angenehme und all die glücklichen Momente nehmen wir meistens gerne als selbstverständlich hin. Die unangenehmen Augenblicke in unserem Leben graben sich oft deswegen so tief in unser Bewusstsein ein, weil wir uns mit ihnen nicht abfinden wollen und sie nicht loslassen können.

Und so sammeln wir viele dieser negativen Momente in unserem Leben wesentlich bewusster ein und halten sie auch Jahre danach noch immer fest. Natürlich betrachten wir dann unsere Umwelt sicherlich nicht mit den Augen des Liebenden, des

Verliebten oder des Glücklichen, sondern eher mit denen des Missmutigen. Wir betrachten dann uns und unsere Umwelt mit den Augen eines Menschen, der nicht das erreicht hat, was ihm seiner Meinung nach zustand. Wir sind unzufrieden und unleidig und lassen das gerne auch andere wissen. Natürlich spüren die Menschen in unserem Umfeld, dass wir sie auf diese ganz bestimmte, kritische Weise bewerten. Wir finden sie nicht schön genug, zu dick, zu alt, zu langsam, zu behäbig, zu dumm, zu arrogant, zu überheblich. Diese Liste ließe sich unendlich fortsetzen. Sicherlich fallen dir noch sehr viele andere Begriffe ein, mit denen du deine Umwelt gerne bewertest.

Aber auch das ist nicht die Wahrheit. Es ist nur deine ganz persönliche, subjektive Bewertung. Auch als du glücklich warst und in den Menschen stets etwas Wundervolles gesehen hast, war das nicht die ganze Wahrheit, sondern nur ein Teil davon. In jedem Menschen steckt ebenso viel Strahlendes wie auch tiefe Schattenseiten. Wenn wir in Resonanz mit den strahlenden Seiten anderer Menschen gehen, legen wir unseren Fokus – also unsere bewusste Wahrnehmung – hauptsächlich auf das Positive und können es erkennen.

Versuchen wir nur die Schattenseiten herauszufiltern, sehen wir auch nur diese.

Glücklichsein beginnt mit Loslassen

Die Sache verhält sich relativ einfach. Genauso, wie wir unsere Mitmenschen betrachten, betrachten wir auch uns selbst.

Betrachten wir uns mit einem kritischen Auge, dann betrachten wir nicht nur unsere Mitmenschen mit diesem Fokus, sondern wir befinden uns in Resonanz mit all jenen, die ähnliche Anteile besitzen.

Das bedeutet: In unser Leben werden immer mehr Menschen treten, die ebenso kritisch, missmutig, schlecht gelaunt oder aber mit dem Leben nicht zufrieden sind.

Das Gesetz der Resonanz besagt sogar, dass wir in anderen immer nur das erkennen können, mit dem wir selbst in Resonanz stehen.

Andere spiegeln also unsere eigenen Charakterzüge wider. Dies ist natürlich nicht sehr amüsant, wenn wir uns noch immer in der Kritik übenden Schleife befinden, dass die Welt sich gegen uns gerichtet hätte oder aber das Leben nicht lebenswert wäre.

Denn dann lässt unsere Wahrnehmung nur noch solche Erlebnisse zu. Alles andere filtert unser Verstand aus unserem Leben heraus. Es findet nicht mehr statt.

Der Rettungsring, den ich dir jetzt vorschlagen möchte, hat eine weniger große Bedeutung für alle anderen, sondern wesentlich mehr für dich selber.

Wir können immer nur das erkennen, was auch in uns selber ist. Betrachten wir in anderen nur die Seiten, die mangelhaft erscheinen, bringen wir auch uns selbst in Resonanz mit dem eigenen Mangel. Wir wecken also gerade dies in uns. Natürlich erkennen wir in anderen deren Schattenseiten. Das geht jedoch nur, wenn wir uns auch selber darin befinden.

Wir könnten uns ebenso gut auf die strahlenden Seiten unserer Mitmenschen konzentrieren, denn dann kitzeln wir auch diese Elemente in uns wach. Wir fühlen uns nicht nur wesentlich besser, wir werden auch mental stärker.

Das Wundervolle daran ist, dass andere nun ebenfalls auf uns in dieser Weise reagieren. Auch sie werden in uns das Positive sehen wollen.

Wir kennen das aus unserem täglichen Leben. Beschimpfen wir jemanden, werden wir auf ähnliche Weise behandelt. Beschenken wir jemanden mit Komplimenten, werden wir diese zurückbekommen. Unterstützen wir jemanden, werden wir ebenfalls unterstützt. Betrachten wir andere mit einem liebevollen Blick, werden wir auf die gleiche Weise beschenkt.

Konzentriere dich auf das Schöne

Der liebevolle Blick ändert unser Leben schlagartig. Probier es einfach mal aus. Vor allem, wenn es dir schlecht geht. Dann setze ganz bewusst diese mentale Möglichkeit ein. Du brauchst nicht einmal etwas auszusprechen. Konzentriere dich einfach darauf, in deinem Gegenüber das Schöne und Liebenswerte zu entdecken.

Du wirst merken, dass du bereits bei dem Versuch zu lächeln beginnst. Der liebevolle Blick kitzelt immer auch ein Schmunzeln aus uns heraus, weil wir plötzlich nach Resonanzfeldern des Schönen, Anmutigen, Liebenswerten bei anderen suchen und wir diese ja nur dann erkennen können, wenn wir selbst in Resonanz damit treten.

Beobachte dich einmal, wie oft du über andere herziehst, sie belächelst, kritisierst, herabwürdigst oder kein gutes Haar an ihnen lässt. Und achte einmal darauf, wie schnell sich andere deiner Meinung anschließen. Und dann betrachte einmal deren Gesichter. Es werden keine schönen oder freundlichen Gesichter sein. Dann kannst du davon ausgehen, dass dein Gesicht ebenso negativ aussehen dürfte.

Und nun beobachte einmal Menschen, die Gutes über andere berichten. Sie haben meist einen Glanz in den Augen und ein

Strahlen im Gesicht, das sie wesentlich jünger und lebendiger erscheinen lässt. Und sie sind es auch!

Hier kommt mein Rettungsring für Momente, in denen das Leben scheinbar etwas aus dem Ruder läuft, es nicht gut mit mir meint oder ich glaube, dass meine Mitmenschen nicht sehr freundlich zu mir sind: Ich setze dann ganz bewusst den liebevollen Blick auf. Innerhalb kurzer Zeit hat sich nicht nur meine Stimmungslage vollkommen ins Positive verändert, sondern das Leben ist in der Tat wieder wesentlich lebenswerter geworden.

Auch du kannst dich entscheiden, den „liebevollen Blick" einzusetzen: Was gefällt dir an deinem Gegenüber? Was magst du an ihm? Welche Hoffnungen und Sehnsüchte verbergen sich in seiner Seele? Worüber freut sich dieser Mensch? Was ist sein Potenzial? Nicht immer gelingt uns das sofort. Manchmal sind wir in der Schleife von Bewertungen gefangen, ohne es richtig wahrzunehmen. Oder es fällt uns einfach schwer, unser Gegenüber plötzlich liebevoll zu betrachten.
Bevor du jemanden verurteilst, denke daran, dass du ihn weder wirklich kennst noch wirklich weißt, was dieser Mensch alles in seinem Leben durchgemacht hat. Du hast keine Ahnung davon, was ihn zu diesem Menschen hat werden lassen. Sei innerlich großzügig, lege nicht alles auf die Goldwaage.

Auf diese Weise entwickelst du eine andere Lebenseinstellung. In dir bildet sich dein eigener Rettungsring für diese Menschen: Mitgefühl.

Der liebevolle Blick stellt sich dann von selber ein.

Freu(n)de fürs Leben

Wahre Freundschaft ist kostbar. Wie wertvoll Freunde wirklich sind, zeigt sich erst viel später im Leben. Die Qualität der Freundschaft ist so unterschiedlich wie die Menschen selbst, die miteinander verbunden sind. Als ich noch keine zwanzig Jahre alt war, war Freundschaft für mich hauptsächlich von aufregenden neuen Erfahrungen geprägt. Mein bester Freund damals war Werner.

Wir hatten die Liebe zur Musik gemeinsam. In der damaligen Zeit war Musik der Rettungsring der Jugendlichen. Jeder Neuerscheinung der unglaublich spannenden Bands aus den USA fieberten wir entgegen, und es war ein regelrechter Wettlauf, wer die heiß begehrte Langspielplatte als Erster ergattern konnte. Bevor die LP erschien, konnte ich oft vor Aufregung nächtelang nicht schlafen – wir sprachen stundenlang über Musik, die Bands und die einzelnen Songpassagen. Jeder Gitarrengriff wurde ausprobiert und wieder nächtelang analysiert und nachgespielt.

Am Tag des Erscheinens radelte ich frühmorgens zu Radio Rim – die hatten die LPs aus den USA immer als Erste – und kaufte mit klopfendem Herzen die neue Scheibe. Voller Stolz rief ich Werner an, und er kam sofort zu mir, stellte sein Mikrofon vor meine Lautsprecher und nahm sie auf. Jeden Song hörten wir immer wieder und wieder, stundenlang, nächtelang, bis jeder Ton sich fest in unser Gedächtnis eingegraben hatte. Die Texte formten sich zu unserer Wahrheit, und wir wollten genau dieses Leben führen: frei, unabhängig und wild. Dass unsere Eltern unsere Musik als „Krach" empfanden, kam unserer Rebellion gegen das „Establishment" sogar entgegen. Wir fühlten uns von unseren Eltern nicht verstanden und flüchteten uns in eine aufregendere Welt. Die Musik schweißte uns zusammen.

Vor allem aber konnten wir über all die Probleme reden, die sich uns als Jugendlichen stellten. Wir waren einer Meinung, empörten uns über die gleichen Dinge, wir schenkten uns gegenseitig Trost, machten uns Mut, und wir hatten nicht das Gefühl, allein gegen den Rest der Welt stehen zu müssen.

Freundschaft ist Glück

Freunde machen glücklich, sagen viele. Und genau das kann ich nur bestätigen. Denn genau das erlebte ich damals als Jugendlicher mit meinen Freunden, mit denen ich mich austauschen konnte, und die mich vor allem verstanden. Ich war nicht allein und konnte mich jemandem anvertrauen.

Zwischen damals und heute liegen viele Jahre, in denen die Glücksforschung längst wissenschaftlich herausgefunden hat, dass wir Menschen durch Freunde Glück erfahren. Enge zwischenmenschliche Beziehungen und Freunde machen glücklich. Und sie verhelfen uns sogar zu einem längeren und gesünderen Leben. Einsame Menschen stehen wesentlich stärker unter Stress, denn sie müssen alleine mit allen Schwierigkeiten im Leben zurechtkommen. Die Gehirnforschung weiß auch, dass bereits in der Kindheit gerade durch Freundschaften unser Bewusstsein gebildet wird. Denn Freunde stellen einander vor zwischenmenschliche Herausforderungen.
Sie tun nicht immer das, was sie aus unserer Sicht tun sollten. Und umgekehrt verhalten wir selbst uns auch nicht stets so, wie sie es von uns erwarten. Manchmal halten wir eine Verabredung

nicht ein oder treffen uns lieber mit jemand anderem, obwohl unser lange bewährter Freund uns vielleicht gerade bräuchte. Vielleicht weil er umzieht, er gekündigt wurde, oder weil seine Ehe kriselt. Es gibt also kleine und größere Probleme, die uns vor die Frage stellen: Was ist richtig oder falsch? Was ist fair? Was verletzt den anderen? Wie kann ich für ihn da sein? Was macht mich zu einem guten Freund? Wie kann ich etwas wiedergutmachen? Und vor allem: Wie kann ich selbst verzeihen? An all diesen Fragen reifen wir Menschen. Und dafür brauchen wir andere: Freunde. Und zwar echte, wahrhaftige Freunde.

Wirklich wichtig sind die wahren Freunde

Ein unschätzbar wichtiger Rettungsring in meinem Leben sind die vielen ehrlichen, wertvollen Momente mit meinen Freunden. Wenn ich mein Leben rückblickend betrachte, haben sich weniger die beruflichen Erfolge in mein Gedächtnis eingegraben als die tief greifenden Begegnungen mit meinen Freunden. Genau genommen waren das die wahren wichtigen Momente in meinem Leben. Es waren jedoch nicht die oberflächlichen Begegnungen, die man heute auch gerne als Freundschaften bezeichnet, sondern stets solche Freunde, die es ehrlich mit mir meinten. Mit ihnen konnte ich auch streiten oder anderer Meinung und stets tief verbunden sein.

Es lohnt sich also, sich auf die *guten* Freunde zu konzentrieren, mit denen man im Idealfall bis ans Lebensende durchs Leben geht. Freunde, die uns auffangen, wenn uns die erste große Liebe verlässt oder wir beruflich zusammenfallen. Die mit uns mitfiebern, während wir eine wichtige Entscheidung erwarten.

Die uns mit Rat und Tat begleiten, wenn wir Eltern werden, und deren Kinder mit unseren Kindern spielen und aufwachsen.

Für mich ganz persönlich machte es großen Sinn, den eigenen Freundeskreis auf ein paar wenige, aber dafür enge Freunde zu reduzieren.

Gerade in der heutigen Zeit fühlen sich viele oft einsam und verlassen, denn sie sitzen isoliert hinter dem Computer und treffen ihre „Freunde" im Internet. Aber dann bleibt keine Zeit mehr für die „echten" Freunde. Freundschaft ist Dynamik, Lebendigkeit, Kommunikation und Austausch – das geht nicht virtuell.

Auch in Sachen Freundschaft lebe ich daher nach dem Grundprinzip des italienischen Soziologen und Ökonomen Vilfredo Pareto: *Konzentriere dich auf das Wesentliche.* Lieber ein paar wenige echte Freundschaften pflegen und dafür die flüchtigen Bekanntschaften reduzieren.

Eine natürliche Auslese übernimmt oft auch das Leben selbst für uns, indem wir in „Ausnahmesituationen" erkennen dürfen, wer wirklich für uns da und tatsächlich ein wahrer Freund ist. Ich bin für meine engsten Freunde (die ich an einer Hand abzählen kann) voll und ganz da und sie für mich – wir wissen, dass wir uns aufeinander verlassen können. Das ist einer der größten Rettungsringe im Leben: Einen Freund zu haben und – vor allem – einer zu sein.

Freundschaft berührt

Auch Haustiere können „Freunde" sein. Wie die Gehirnforschung herausfand, sind Berührungen besonders wirksam für unser Glückszentrum: Wenn wir länger als 20 Sekunden einen Hund, eine Katze oder ein Kaninchen streicheln, werden im

Körper Endorphine ausgeschüttet, die uns richtig glücklich machen. Gute Gefühle sind kein Zufall, sondern die Antwort unseres Gehirns und Körpers auf einen – in diesem Fall körperlichen –Reiz. Wer mit einem Haustier als gutem Freund durch die Welt geht, ist glücklicher.

Wir haben zwei Katzen: Minka und Lilly. Die beiden Samtpfotenbesitzer betören mich durch ihr Schnurren und bringen mich oft zum Lachen. Sie sind so unterschiedlich, und doch ist jede auf ihre Art eine starke Persönlichkeit. Sie verschwinden diplomatisch, wenn es „dicke Luft" gibt und legen sich genüsslich vor den gemütlichen Ofen, um ein heißes Fell zu kriegen.

Wer auch immer unser wichtigster Bezugspunkt ist: Wir brauchen Freunde. Besonders zwischenmenschliche Beziehungen berühren uns auf der emotionalen Ebene. Wir fühlen mit dem anderen, und der andere fühlt mit uns. *Mitgefühl ist Glück,* das wusste schon Buddha.

Wie wichtig Freunde sind, erkennen wir, wenn wir jemanden durch Umzug, Tod oder Streit verlieren. Dann spüren wir, wie wesentlich es ist, Freunde zu haben. Wenn es uns nicht gut geht und unsere Freunde uns unterstützen, ist aller Kummer viel leichter zu ertragen und wesentlich rascher zu verarbeiten.

Und was für ein Glück, Freunde zu haben, wenn wir uns alleine fühlen oder Probleme haben, und wir sogar noch mitten in der Nacht bei ihnen anrufen können, weil wir jemanden zum Reden brauchen.

Freunde sind außerdem „Entwicklungshelfer" – sie kennen uns oftmals so gut, manchmal sogar besser als wir uns selbst, dass sie uns die besten Tipps und Ratschläge geben können. Mit ihrer Unterstützung können wir uns weiterentwickeln, über uns hinauswachsen, und wir erfahren wertvolle Impulse und Inspiration.

Für mich bedeutet Freundschaft ein kleine Welt an Möglichkeiten: Kommunikation, Loyalität, Ehrlichkeit. Streiten, aber auch zuhören können und füreinander da sein. Natürlich auch den anderen zu trösten, ihn auf seinem Lebensweg zu begleiten und vor allem selbst ein Freund zu sein.

Freundschaft ist auch, das Leben anderer zu bereichern und es ihnen zu erleichtern. Natürlich auch, ihnen Geheimnisse anzuvertrauen und Probleme zu besprechen. Ein Freund bedeutet für mich, mich auf jemanden verlassen zu können und ihm zu vertrauen. Manchmal auch Blödsinn zu machen oder gemeinsam Pferde zu stehlen.

Und wie wundervoll ist es, wenn wir mit ihnen zusammen so glücklich sind, dass wir die Zeit vergessen.

Wie schön ist es, mit ihnen gemeinsam Abenteuer zu erleben. Zusammen zu lachen und auch zu weinen und Erlebnisse zu teilen.

Freundschaft ist: Wenn das Leben doppelt Spaß macht

Mit Freunden ist man nie allein. Freunde bereichern unser Leben zu allen Zeiten. Sie sind der größte Rettungsring für unser gesamtes Leben, in allen Lebensabschnitten.

Allerdings wollen Freundschaften auch gepflegt werden. Sie entstehen nicht von alleine. Wir müssen ihnen Zeit in unserem Leben einräumen. Und Interesse. Wir müssen da sein. Auch dann, wenn sie uns einmal nachts um drei anrufen.

Früher als Teenager hatten wir viele Freunde. Dann kamen der Beruf und die Familie. Da ist es nicht immer leicht, Freundschaften zu halten und zu pflegen. Aber wir können jederzeit wieder welche aufbauen. Denn das ist ja das Schöne an Freundschaften: Jeder von uns hungert danach.

Und weißt du, wie du am schnellsten einen Freund gewinnst? Sei selber einer.

Teile dich anderen mit

Glücklicherweise gibt es in unserem Leben wichtige Beziehungen, durch die wir lernen, Erfahrungen sammeln, heranreifen und auch Trennungsschmerz verspüren. Familie und Freunde sind die wesentlichsten Beziehungen, die unser Leben von Grund auf bestimmen und mitgestalten. Sie geben uns Halt und sind unsere Felsen in der stürmischen Brandung des Lebens. Manchmal sind Freunde uns genauso nah wie unser Partner. Denn oft haben sie einen entscheidenden zeitlichen Vorsprung in unserem Leben, weil sie uns schon seit unserer Kindheit auf unserem Lebensweg begleiten.

Der Partner, wenn es nicht gerade unsere erste große Jugendliebe geblieben ist, tritt in der Regel erst in einer bestimmten Phase in unser Leben. Freunde waren schon vorher da: im Sandkasten, in der Schule, in der Pubertät, als wir das erste Mal verliebt waren, im Studium, beim ersten festen Job. Mit Freunden sammeln wir über viele Jahre gemeinsame Erlebnisse, erleben Geschichten, tauschen Geheimnisse aus und gehen eine vertrauensvolle Verbindung miteinander ein. Wir kennen ihre Eltern, kennen ihre Wurzeln, und umgekehrt wissen sie auch ganz genau, wo wir selber herkommen und wie wir aufgewachsen sind. Vor allem mit gleichaltrigen Freunden durchleben wir oft parallel ähnliche Lebensabschnitte, machen eine ähnliche Entwicklung durch, werden nebeneinander erwachsen.

Mit meiner liebsten Freundin, die ich schon seit über 30 Jahren habe, teile ich meine Jubelmomente genauso wie meine tiefsten Tiefpunkte. Wir können uns manchmal gegenseitig besser einschätzen als jede sich selbst. Ich brauche das Korrektiv meiner

Freundin. Die Außenperspektive unserer Freunde und unserer Familie kann lebensentscheidend für uns sein. Ein guter Freund und die Familie nehmen die Perspektive des Beobachters ein und bremsen uns, wenn wir gerade in eine falsche Richtung laufen. Oder sie lassen uns rennen und warten am Ende der Sackgasse mit offenen Armen auf uns.

Die Beziehungen zu den Freunden und der Familie sind unser Rettungsring. Sie sind da, wenn wir am Boden sind und reichen uns die Hand, um uns wieder aus dem Sumpf zu ziehen, in dem wir stecken geblieben sind.

Für mich persönlich sind meine Familie und meine Freunde das Allerwichtigste im Leben. Ohne sie wäre mein Leben nicht so bunt, nicht so abwechslungsreich und vor allem eines nicht: nicht so lustig!

Freundschaft ist Lachen

Wenn ich mit meiner Freundin stundenlang über Männer, Kinder und Job ratsche, dann entsteht zum Ende der langen Nacht eine unglaublich alberne Stimmung. Vieles, was vorher zum Heulen war, bekommt eine ganz eigene Komik! Oft sagen wir auch: „Das war ein kosmischer Witz." Ich glaube, der liebe Gott hat viel Humor! Ohne das Lachen wäre das Leben nur noch halb so schön …

Lachen ist für mich ein Ausdruck von Lebensqualität. Wer lacht, ist von seiner Weisheit nicht weit entfernt. Lachen und Humor sind Ausdruck und Gradmesser von Glück. Wer viel lacht, fühlt sich leicht, gesund und fröhlich.

Lachen ist mein absoluter Rettungsring. Das funktioniert immer, auch wenn ich mal gerade nicht so gut drauf bin, angespannt und gestresst. Meine Freunde und meine Familie verstehen meinen Witz, kennen meinen Humor. Wir lachen gemeinsam über dieselben Dinge, und das Lachen zu teilen, tut doppelt gut, und es ist vor allem ansteckend.

Da ich mittlerweile weiß, wie wichtig es ist, zu lächeln und zu lachen, betrachte ich die Welt ganz bewusst mit einem Lächeln im Gesicht. Ich lächle in der Stadt jeden Menschen an, und wenn ich mich für etwas bedanke, sehe ich in die Augen desjenigen und lächle. Fast immer bekomme ich ein Lächeln zurück. Und in meiner Ehe habe ich das große Glück, dass Pierre ein absoluter Witzbold ist! Ihm sitzt immer der Schalk im Nacken, und er ist unglaublich schnell und schlagfertig. Wenn ich mal einen Wortwitz mache, dann hat er in derselben Zeit schon drei Wortwitze „abgefeuert", und die Leute halten sich die Bäuche vor Lachen. Er hat sogar die seltene Gabe, die Wahrheit in einen Witz zu verpacken, und keiner nimmt es ihm übel – im Gegenteil, der Adressat der Aussage lacht am meisten über sich selbst! Unsere Tochter Julia hat Pierres Schlagfertigkeit geerbt, und er hat auch viel mit ihr geübt – ich habe gegen die beiden keine Chance!

Familie ist Leben. Leben heißt, Bezug zu nehmen

Wir Menschen brauchen andere Menschen, um uns weiterzuentwickeln. Wir brauchen das „Du" – wir wollen uns auf jemanden beziehen, wir brauchen Impulse, und natürlich wollen wir lieben und geliebt werden. Andere Menschen holen uns aus unserem Gedankenkarussell heraus und inspirieren uns, reißen uns mit. Sie spiegeln uns, und sie helfen uns dabei, einen anderen Blickwinkel einzunehmen, wenn wir uns in einer Situation zu sehr festgefahren haben.

Auch wenn wir etwas Schönes erleben, dann wollen wir es mit jemandem teilen. Wir schauen für den anderen mit und merken uns jedes Detail, um es dem geliebten Menschen mitzuteilen. Wir brauchen Beziehungen, sie bilden die Grundlage unseres Seins. Durch sie fühlen wir uns reich und befinden uns in der Fülle. Menschen, die in einem funktionierenden Familien- und Freundeskreis leben, leben länger! Denn das Glück, am Leben teilhaben zu dürfen, ist Motivation pur. Wenn das Leben Spaß macht, dann will man auch länger hier sein, um es zu erleben. Freunde und Familie lehren uns jeden Tag aufs Neue, die schönen Dinge des Lebens bewusst zu betrachten, sie zeigen uns unsere Einzigartigkeit und dass wir uns nicht mit anderen zu vergleichen brauchen.

Im Gegenzug kann einen kein Mensch emotional so verletzen wie die Menschen in unserem engsten Umkreis. Und oft behandeln wir unsere Liebsten nachlässig und unachtsam, weil sie zu etwas Selbstverständlichem geworden sind. Dann streiten wir viel. Aber es gibt auch eine konstruktive Form des Streitens.

Streiten ist eine wichtige Form der Kommunikation

Wenn ich gefragt werde, ob die Beziehung zwischen Pierre und mir denn immer nur harmonisch verlaufe, dann antworte ich mit einem entschiedenen „Nein!". Beziehungen, in denen nicht gestritten wird, gibt es nicht. Bei uns zu Hause geht es sehr temperamentvoll zu – fast italienisch.

In einer guten Partnerschaft sollte jede Form von Emotion und Kommunikation stattfinden dürfen. Auch der Streit. So kann ein guter Streit wie ein Gewitter wirken: Er reinigt die

Beziehungsluft und nimmt die Spannung heraus. Wenn Streiten nicht als ganz natürlich behandelt wird und als etwas, das zum Leben gehört, dann gibt es irgendwann einen großen Knall, wie bei einem Druckkochtopf, aus dem der Dampf nicht abgelassen wurde.

Paarpsychologen wissen: Beziehungen, in denen gestritten wird, sind wesentlich stabiler als solche, in denen vieles verdrängt und nicht ausgesprochen wird. Überall dort, wo es unterschiedliche Meinungen und Haltungen gibt, wird diskutiert und zuweilen auch heftig gestritten. Beruf, Karriere, Geld, Familie und die vielen Kleinigkeiten des Alltags lassen sich nun mal nicht immer in Harmonie und Verständnis lösen. Außerdem gibt es Themen, die Reizthemen sind, die einen emotional betreffen und über die man eben nicht „normal" reden kann. Ein falscher Ton, ein falsches Wort ergibt das andere, schnell wird einer ausfallend – und schon ist man in einen Streit verwickelt. Worte sind manchmal wie Pfeile, sie fliegen durch die Luft und verletzen tief. Aber wie streitet man richtig? Was kann man tun, damit sich ein Streit positiv und konstruktiv auswirken kann?

Jeder Mensch geht, je nach persönlichem Temperament, anders mit Problemen um. Der eine lebt seine Streitlust hemmungslos aus und bombardiert den anderen mit Vorwürfen, der andere ist harmoniesüchtig und vermeidet Streitigkeiten um jeden Preis und schweigt nur, der Dritte wiederum will zwanghaft alles und immer offen ansprechen.

„Du kannst mich einfach nicht verstehen!" Warum? Das eigentliche Problem beim Streiten liegt nämlich meist nicht am Inhalt oder Thema des Gesprächs, sondern daran, wie miteinander gesprochen wird. Konflikte werden häufig so angegangen, dass das Ergebnis in keinerlei Verhältnis zum Auslöser steht: Aus einer kleinen Mücke wird ein riesiger Elefant.

Ein wichtiger Aspekt ist also die Sprache des Streits. Linguisten haben herausgefunden, dass Männer und Frauen beim Streiten „verschiedene Sprachen" sprechen. Männer wollen hauptsächlich in einer Art Berichtssprache informieren. Wir Frauen dagegen versuchen, über eine Beziehungssprache Intimität und Harmonie zu schaffen. Da können schnell Missverständnisse oder das Gefühl der Zurückweisung entstehen.

Oft entsteht ein Streit aus einem Missverständnis heraus, aus Frust oder aus Enttäuschung. Frag dich erst mal selbst, welche Erwartungen du hattest, und ob du deswegen streiten musst. Vielleicht kannst du das Ganze in einem ruhigen, bedachten Moment besser klären, und nicht, wenn die Gefühle gerade mit dir durchgehen?
Wenn die heiße Phase vorbei ist, versuch eine für beide lebbare Lösung vorzuschlagen – egal, wer von euch beiden recht hat oder nicht. Lass dir Zeit, aber verlängere den Streit nicht unnötig. Versuch, die humorige Seite der Angelegenheit zu finden, und dann lacht beide über die absurde Situation. Worum ging es eigentlich wirklich?

Streit kann ein guter Rettungsring innerhalb von Beziehungen sein, denn wie sagte Goethe so treffend: *Was nicht umstritten ist, ist auch nicht sonderlich interessant.*

Rettungsringe, die Streit zu einer konstruktiven Angelegenheit machen:

1. Interpretiere nicht mehr hinein, als drin ist.
2. Vermeide „Umkehrschlüsse".
3. Lass Sätze weg, wie zum Beispiel: „Immer machst du das …" oder „Nie kümmerst du dich …"
4. Benutze keine Allgemeinplätze: „Andere Männer/Freunde machen das – nur du nicht!"
5. Stell keine Vergleiche an: „Du bist wie deine Mutter/Vater".
6. Du musst nicht immer das letzte Wort haben.
7. Wenn du schon streitest, dann bleib bei den Fakten des jeweiligen Anlasses. Vermeide es, Vergangenes hineinzumischen – sonst nimmt der Streit kein Ende.
8. Wenn du streitest, vermeide Äußerungen und Schimpfwörter, die unter die Gürtellinie gehen, wie zum Beispiel „Du Idiot", „Du bist zu dumm zu …", „Du A…".
9. Mach keine zynischen Bemerkungen oder „witzig" verpackte Beleidigungen. Im Streit versteht man keine Witze.
10. Diskutiere über die Sache an sich und nicht, um zu beweisen, dass du besser oder größer bist.
11. Vermeide „Du-Botschaften", wie: „Du hast wieder …", „Du machst dauernd das und jenes …".
12. Übernimm die Verantwortung für deine eigenen Reaktionen und Handlungen – und unternimm keine Schuldzuweisungen.
13. Leg nicht jedes Wort auf die Goldwaage, vieles ist nicht so gemeint.
14. Akzeptiere die kleinen Unterschiede zwischen euch, und reib dich nicht ständig an ihnen auf.

Zeig dich deinem Partner, wie du wirklich bist

Gemeinsam durchs Leben gehen. Auch in vielen Jahren noch Hand in Hand am Strand entlangschlendern. Morgens gemeinsam aufwachen, mit einem Lächeln im Gesicht, weil die Liebe noch immer so lebendig ist wie in den ersten Tagen.

Das ist der Traum aller Verliebten. Selbst am Traualtar sind wir noch der festen Überzeugung, dass es die eine, große Liebe *für immer* gibt.

Die Realität sieht leider anders aus. Mittlerweile wird jede zweite Ehe geschieden und die Dauer von Liebesbeziehungen wird immer kürzer.

Obwohl wir doch anfangs so voller Liebe und Zuneigung waren, obwohl wir überzeugt waren, uns würde es anders ergehen als unseren Eltern, Freunden und Bekannten. Obwohl man es uns links und rechts ständig anders vorgelebt hat, waren wir uns sicher, dass es uns niemals so ergehen würde.

Und trotzdem hat jeder von uns die Erfahrung gemacht, dass sich die Liebe mit der Zeit wandelt. Sie verliert ihren anfänglichen leidenschaftlichen Charakter. Da können wir uns zu Beginn vorgenommen haben, was auch immer wir wollten. Am Anfang einer Partnerschaft haben wir Sex bis zum Abwinken und können nicht voneinander lassen. Bereits einige Monate später können wir „winken, wie wir wollen" …

Die meisten Paare, die sich anfangs scheinbar abgöttisch liebten, können sich bereits nach kurzer Zeit nicht mehr ausstehen. Auch sie hatten nicht vor, sich im Streit zu trennen.

Oder verletzt und erniedrigt von dannen zu ziehen. Oder gar Gefühle von Hass für den Partner zu hegen.

Und dennoch ergeht es vielen Menschen so. Kein Wunder: Nirgends werden wir so tief und nachhaltig emotional verletzt wie in der Partnerschaft. Das hört sich zunächst schlimm an, aber in Wahrheit ist es genau das Gegenteil davon.

Natürlich werden wir von unserem Partner gefühlsmäßig tiefer getroffen, als wir es bei anderen Menschen zulassen würden. Kein Wunder: Niemand anderen lassen wir so nah an uns heran wie unseren Partner. Niemand anderem zeigen wir uns auf diese ehrliche, unmaskierte Weise.

In unserer Außenwelt haben wir uns angewöhnt, eine Rolle zu spielen. Wir sind höflich, zurückhaltend, freundlich, zuvorkommend, geduldig und hilfsbereit. Wir vermeiden es, andere Menschen an unseren Schattenseiten teilhaben zu lassen. Wir wollen gefallen, geliebt werden und ankommen.

Genauso ist es am Anfang einer Partnerschaft. Wir wollen ankommen und geliebt werden. Um das zu bekommen, beginnen die meisten Menschen bereits zu Beginn einer Partnerschaft eine Rolle einzunehmen.

Mir gefällt folgende bildliche Darstellung in diesem Zusammenhang sehr gut: Eigentlich können wir zwei Menschen, die sich begegnen, mit zwei Eisbergen vergleichen, die aufeinander zudriften. Am Anfang sieht man nur die glitzernde, wunderschöne weiße Spitze, nur 5 Prozent des Eisbergs, aus dem Wasser ragen. Aber natürlich gibt es da auch die gigantisch große dunkle Masse, die unter der Wasseroberfläche ebenfalls auf uns zukommt. Diese 95 Prozent unbewusstes „Beziehungsmaterial" sehen wir natürlich nicht. Wir sehen und erkennen am Anfang nur die strahlenden Seiten, weil uns auch nur diese gezeigt werden, und weil auch wir dem anderen am Anfang nur unsere Sonnenseiten präsentieren.

Aber natürlich gehören verdrängte, versteckte und unbewusste Gefühle ebenfalls zu uns. Wir vermeiden es nur, diese Anteile unserem künftigen Partner zu zeigen. Wir wollen, ja, dass er bei uns bleibt.

Frischverliebte geben sich immer lächelnd, witzig, charmant, höflich, geduldig, ausgleichend, großzügig …

Aber diese strahlende Rolle können wir natürlich nicht lange durchhalten. Irgendwann wird es zu anstrengend. Der Nachteil dabei ist, dass auch unser Partner seine Rolle auf die Dauer nicht aufrechterhalten kann. Auch bei ihm werden sich schon bald die Schattenseiten zeigen.

Eigentlich können wir, wenn wir verliebt sind, davon ausgehen, dass unser künftiger Partner mit Sicherheit nicht so bleiben wird, wie er es gerade vorgibt.

Das ist nur gerecht. Wir selber können es ja auch nicht.

Lieben heißt erkennen

Und so beginnt das wahre Erkennen, sobald die Verliebtheitsphase aufhört.

Wenn zwei Menschen sich treffen, wirken ganz besondere Anziehungskräfte. Nur zu 5 Prozent wählen wir unseren Partner bewusst. 95 Prozent unserer Handlungen geschehen unbewusst. Tief in uns drin wissen, oder besser gesagt, spüren wir, dass dieser Partner zu diesem Zeitpunkt genau der Richtige für uns ist, um bestimmte Erfahrungen zu machen.

Das ist er auch. Denn die Anziehungskräfte wirken nicht nur bewusst, sondern auch unbewusst. Das bedeutet, genau diese Schattenseiten unseres Partners haben ganz viel mit uns zu tun: Sie gehen mit unseren Schattenseiten in Resonanz. Sie passen genau zu unseren Themen, die wir verdrängen oder nicht wahrhaben wollen. Sie haben zu tun mit unseren inneren Kindern, die wir nicht zulassen wollen, mit unseren Eltern, denen wir noch immer grollen, mit der Liebe, die wir vielleicht nicht erfahren oder all den emotionalen Verletzungen, die wir bis heute nicht überwunden haben.

Und nun stellen wir Ansprüche an unseren Partner. Er soll uns da rausholen. Unser zukünftiger Lebenspartner weiß noch gar nicht, was da alles an unterbewussten Forderungen und ungelebten Themen auf ihn zukommt. Fairerweise wissen wir es auch nicht, mit was für einer Art von Beziehung wir es künftig zu tun haben werden.

Aber auch das stimmt nur bedingt! Wir wissen eins: All das, mit dem wir eigentlich nichts zu tun haben wollen, hat ganz viel mit uns zu tun. Sonst hätten wir uns niemals auf diesen anderen Menschen eingelassen.

Genau genommen beginnt die Liebe erst dann, wenn die Verliebtheitsphase aufhört.

Denn erst dann zeigen wir uns vollständig so, wie wir sind.

Natürlich könnten wir weglaufen, ausbrechen, einen neuen Partner suchen und erneut die Verliebtheitsphase durchlaufen. Aber auch diese Phase wird dann wieder enden, und wir werden wieder zu dem Punkt kommen, an dem wir uns gerade befinden. Alles wird nur wiederholt – aber nicht erlöst. Wenn wir also jetzt weglaufen, laufen wir auch vor uns selber weg.

Schattenseiten sind heilsam für die Seele

Denn die Konfrontation mit all diesen Schattenseiten hat nur einen einzigen Sinn: erwachsen zu werden und Heilung zu erfahren.

All das, von dem wir glauben, es nicht länger aushalten zu können, all das, was wir weit von uns wegschieben wollen, hat am meisten mit uns selbst zu tun.

Immer wenn wir eine starke emotionale Reaktion auf etwas haben – egal, ob wir wütend werden, traurig oder euphorisch, hat dies ganz viel mit uns zu tun.

Unser Partner piekst uns nun natürlich genau da, wo es wehtut, denn auf diese Weise macht er uns – ganz unbewusst – auf all das aufmerksam, was noch nicht in Balance, noch nicht verarbeitet oder erwachsen geworden ist. Das gefällt uns natürlich gar nicht. Immerhin haben wir doch lange genug daran gearbeitet, gerade diese Dinge zu verdrängen, zu vergessen oder wenigstens nie wieder zu erleben. Waren wir vielleicht anfangs noch überzeugt davon, endlich den absolut richtigen Partner gefunden zu haben, so sind wir nun absolut davon überzeugt, diesmal garantiert den falschesten Partner gefunden zu haben.

Auch Michaela und ich sind von den ganz normalen Entwicklungen einer Partnerschaft nicht ausgenommen. Auch wir wollten alles besser machen und auch wir wurden im Laufe der Jahre mit den Schattenseiten des anderen konfrontiert.

In Partnerschaften durchleben wir natürliche Höhen und Tiefen

Wenn man sich längere Zeit erfolgreich in einer Partnerschaft befindet, wandert man durch Höhen und Tiefen. Michaela und ich sind nun 20 Jahre zusammen. Und wir haben viel an uns entdecken dürfen. Ich könnte auch sagen, wir haben den Mut gehabt, uns zu zeigen, wie wir wirklich sind.

Die Höhen in der Ehe nehmen wir natürlich gerne hin. Aber gerade die Tiefen in unserer Partnerschaft, haben uns einander noch wesentlich näher gebracht und unsere Liebe gestärkt.

Natürlich ist es nicht immer einfach, den anderes so zu akzeptieren, wie er ist. Und nicht immer gibt es in allen Dingen tief greifendes Einverständnis, aber unser Fokus lag nie auf den trennenden Aspekten, sondern stets auf den Stärken unserer Partnerschaft.

Wie gesagt, das ist wahrlich nicht immer einfach. Denn in einer Partnerschaft prallen nicht nur verschiedene Meinungen und Überzeugungen sowie verschiedene Vergangenheiten aufeinander, sondern hier treffen sich auch noch (zumindest meistens) verschiedene Geschlechter. Und so mussten auch wir damit klarkommen, dass Männer und Frauen einfach komplett verschieden ticken. Das sagt sich so einfach. Nur, es jeden Tag aufs Neue zu erleben, ist etwas ganz anderes. Aber wem sage ich das?

Männer und Frauen ticken soooo unterschiedlich ...

Wenn wir uns diese Erkenntnis einmal ganz bewusst machen, können wir nicht nur leichter damit umgehen, sondern auch viel öfter darüber lachen.

Für Michaela und mich war diese bewusste Wahrnehmung eine sehr entspannende Erkenntnis. Im Zuge unserer Recherchen für unser erstes gemeinsames Buch *Der ganz alltägliche Beziehungswahnsinn* (Ariston Verlag), durften wir auch Studien von Paarpsychologen lesen und verstanden plötzlich so viel mehr über das andere Geschlecht.

Und das veränderte unsere Partnerschaft noch einmal grundlegend. Denn wenn der Charakter und die Denkweise von Männern und Frauen in vielen Dingen so grundverschieden sind, hat es doch eigentlich keinen Sinn, sich darüber aufzuregen, sondern man kann es eher humorvoll beobachten:
„Frauen denken eben so." – „Männer sind halt so."

Und tatsächlich: Mit diesem schmunzelnden Blick war es uns plötzlich ein Leichtes, Dinge mit Humor hinzunehmen. Mit dieser *neuen* Erkenntnis konnten wir den anderen viel besser so belassen, wie er war. Und das war sehr befreiend! Denn wenn Michaela so sein durfte, wie sie war, dann durfte ich es auch. Und plötzlich entstand eine Toleranz, die uns auf eine ganz leichte und heitere Weise durch die Beziehung trug.

Ein Rettungsring in unserer Ehe ist die Tatsache, dass wir den anderen so akzeptieren, wie er ist, und dass wir uns dem anderen ganz offen und ehrlich zeigen – mit allen Licht- und Schattenseiten, die wir haben. Wir lassen uns auf den anderen immer wieder neu ein – das ist meiner Meinung nach die beste Basis für eine funktionierende Liebesbeziehung.

Und ja, Frauen sind halt anders. Und mein Gott ja, Männer auch. Und ist nicht gerade das wunderbar?

Die wahre Berufung finden

Als ich ein kleines Mädchen war, konnte ich mir nichts Schöneres vorstellen als Schauspielerin zu werden. Ich tanzte vor dem Fernseher herum, konnte die Titelmelodien aller Serien mitsingen. Als ich erwachsen war, verbrachte ich jede freie Minute im Theater. Ich wollte die Menschen berühren, zum Nachdenken oder zum Lachen bringen, sie unterhalten und glücklich nach Hause schicken. Meine ganze Freude, Sehnsucht und alles, was mir wichtig war, fand ich in diesem Beruf. Ich dachte, ich würde bis an mein Lebensende Schauspielerin bleiben. Nebenher machte ich Weiterbildungen im naturheilkundlichen, therapeutischen und psychologischen Bereich, weil ich dieses Gebiet auch sehr spannend fand und ich es in meinem Beruf gut nutzen konnte, um mich noch besser in die jeweiligen Charaktere einleben zu können. Das machte mir Spaß, und ich war mehr denn je vom Menschen fasziniert.

Als vor ungefähr sieben Jahren meine Transformation begann, wollte ich es nicht wahrhaben. Ich wollte unbedingt Schauspielerin bleiben und haderte sehr mit mir und meiner Umwelt. Ich wehrte mich gegen mein inneres Gefühl, dass meine Zeit am Theater und beim Fernsehen zu Ende sein und ich mich weiterentwickeln sollte. Was sollte ich denn tun? Ich glaubte, nichts anderes zu sein und nichts anderes zu können, als das, was ich seit meiner frühesten Kindheit tat. Ich hasste die Veränderung und die Tatsache, dass mir auch mein Beruf nicht mehr dieselbe Freude brachte wie am Beginn.

Ich verbrachte also Monate im inneren Dialog mit mir selbst und grübelte. Ich schrieb alles auf, was mir einfiel und machte mir eine Collage mit den Dingen, die mir außerhalb meiner Schauspielerei Spaß machten. Ich lernte mich gründlich kennen – ich hatte ja Zeit. Nichts lenkte mich mehr ab, denn zu allem Überfluss gab es auch keine Angebote mehr. Ich war wie abgeschnitten. Während andere Kolleginnen Arbeit hatten, „durfte" ich nichts tun. Nun hatte ich keine andere Chance:

Ich wusste, etwas wollte aus mir heraus, aber ich hatte keine Ahnung, was! In mir entstand etwas Neues, aber ich konnte noch überhaupt keinen logischen Zusammenhang herstellen zwischen dem Innen und Außen. In einer solchen Lebensphase ist mein bester Rettungsring das Aufschreiben meiner Gedanken. Bevor ich mich zu Tode grüble und alle Gedanken rotieren, bis ich überhaupt nichts mehr weiß, mache ich vom besten Mittel Gebrauch, um mich zu sortieren: Ich schreibe alles auf. Es gibt ein schönes Zitat aus den *Upanishaden,* philosophischen Texten des Hinduismus, das mich daran erinnert, in solchen Zeiten in meinem Innersten nachzusehen:

Du bist wie deine tiefsten, drängendsten Wünsche,
wie deine Wünsche, so dein Wille,
wie dein Wille, so deine Tat,
wie deine Tat, so dein Schicksal.

Da alles, was man im Leben will und wonach man strebt, der innersten Sehnsucht entspringt, seine Wünsche zu verwirklichen, spürte ich tief in mich hinein und stellte mir die folgenden drei Fragen: *Was will ich wirklich? Was macht mich aus? Was soll von mir in Erinnerung bleiben?*
Die dritte Frage brachte meinen ursprünglichen, essenziellen Wunsch ans Licht. Mein allererster, mein Ursprungsgedanke, warum ich überhaupt Schauspielerin hatte werden wollen, war:

Ich wollte Menschen emotional berühren. Ich wollte ihnen Wege aufzeigen und Lösungsmöglichkeiten anbieten, ihr Leben glücklicher zu gestalten. Und was tat ich immer in den Drehpausen? Ich sprach mit einzelnen Teammitgliedern, die mit ihren Sorgen zu mir kamen und die nach dem Gespräch mit mir eine neue Perspektive hatten, um ihr Problem zu lösen. Ich „coachte" bereits alle um mich herum, hatte diese Fähigkeit aber noch nicht als Berufsbild erkannt. Das war es! Und das ist es schon immer gewesen! Menschen glücklich zu machen, ist meine Grundmotivation – und wer sagt denn, dass ich das nur mit dem Beruf der Schauspielerin machen kann?

Erkennen, wo man beruflich hingehört

Ich wusste: Jetzt hatte ich mich gefunden. Ich bin zu dem wahren Kern meines Wunsches vorgedrungen. Ab diesem Moment war alles ganz einfach. Jetzt galt es nur, diese meine Sehnsucht mit meinen Fähigkeiten zu verbinden. Also schrieb ich wieder lange Listen mit meinen Fähigkeiten. Da stand dann zum Beispiel drauf, dass ich sehr gut zuhören, mich gut in Menschen hineinversetzen kann und ihnen intuitiv das richtige Wort zum richtigen Zeitpunkt sage. Ich motiviere gerne, zeige Lösungsmöglichkeiten auf und ermutige die Menschen, ihr wahres Potenzial zu leben. Langsam, aber sicher kristallisierte sich auch das heraus, was ich außerdem noch gerne tue: schreiben und Ratgeberin sein. Ich hatte keine Ahnung, ob mich die Menschen mit meiner Berufung wahrnehmen würden. Ich wusste nur, dass ich voller Begeisterung war. Ich spürte in mir eine große Freude – ich fühlte mich wie neugeboren!
Nach fast einem Jahr Transformation wagte ich mich mit meinem neuen Selbstverständnis unter die Leute – und was

passierte? Ganz „zufällig" lernte ich eine Literaturagentin kennen, sie schlug mir vor, mein Projekt mit „Wasser", eines meiner Lieblingsthemen, verschiedenen Verlagen anzubieten. Nach zwei Wochen kam sie mit zwei Angeboten wieder … Und ich hatte noch keine Zeile geschrieben! Panik ergriff mich. Was ist, wenn ich gar nicht schreiben kann? Und was, wenn keiner das lesen will, was ich zu sagen habe? Wenn mir nichts einfällt? Als ich dann vor dem Computer saß, traf ich eine Verabredung mit mir selbst: „Ich kann schreiben. Ich kann zu jeder Tages- und Nachtzeit schreiben. Ich bin verbunden mit meinem Wissen und kann mich klar und deutlich ausdrücken."

So coachte ich mich erst mal selbst – ich hatte lange genug Selbstzweifel gehabt, jetzt wollte ich nach vorne blicken. Ich fasste mir ein Herz und begann. Ich kann mich noch genau an das Gefühl erinnern, als die ersten Buchstaben auf dem Monitor erschienen – mir wurde heiß und kalt, es lief mir kalt über den Rücken, und ich hatte Tränen in den Augen. Ich wusste: Ich hatte einen riesigen Entwicklungsschritt für mich getan – in mein neues Leben hinein.

Heute weiß ich: In mir drin gibt es einen starken Rettungsring. Das sind meine Kraft und meine Bereitschaft, mich immer wieder neu zu definieren, nie stehen zu bleiben, immer weiterzugehen und Neues auszuprobieren. Was macht dir Freude? Was inspiriert dich? Um den wahren Herzensberuf zu finden, ist es wichtig, in den inneren Dialog zu gehen. Sich wirklich ehrlich mit sich zu beschäftigen und mithilfe des Aufschreibens seine Gedanken zu sortieren. Der sicherste Weg, seine Berufung zu finden: Lieben, was man tut und tun, was man liebt.

Wenn wir unsere Aufgabe lieben, widmen wir uns ihr aus vollstem Herzen. Hast du schon einmal jemanden dabei beobachtet, wenn er etwas tut, das seinem Naturell entspricht und ihn

begeistert? Die Augen strahlen, ein Lächeln umspielt die Mundwinkel, und dieser Mensch blüht bei seiner Beschäftigung auf.
Es ist inspirierend, zu sehen, wie er sich seiner Aufgabe hingibt,
weil er seiner Berufung folgt und sich selbst verwirklicht.

„Love it or leave it" – Liebe es, oder lass es. Wenn man seine
Aufgabe nicht liebt, sollte man die Einstellung verändern oder
die Aufgabe wechseln. Es braucht nur einen ersten Schritt. Und
den Glauben an sich selbst. Mit dem Vertrauen in sich selbst ist
alles möglich. Lieben, was man tut, das begeistert und motiviert,
die Ideen sprudeln und die eigene Inspiration steckt auch das
Umfeld an. Wenn wir innerlich strahlen, sind wir charismatisch
und begeistern auch die Menschen um uns herum.

Was habe ich für eine Aufgabe?

Diese grundlegende Frage habe ich mir in meinem Leben auch
häufig gestellt. Oft kann es sein, dass wir unseren Traumberuf
nicht ergreifen, weil Eltern, Familie oder Freunde ihn uns ausreden. Oder wir ergreifen einen Beruf, weil Eltern, Familie oder
Freunde ihn uns einreden. Dann leben wir das Leben und die
Erwartungen der anderen. Das macht uns zu Beginn vielleicht
auch glücklich, weil wir uns noch nicht wirklich hinterfragt
haben – aber irgendwann wird dieser innere Wunsch nach
der eigenen Aufgabe immer drängender. Wie ist das bei dir?
Wessen Leben lebst du? Wenn ich in die Gesichter der Menschen in der Stadt blicke, bin ich immer wieder überrascht, wie
grau und traurig sie wirken. Es scheint fast so, als sei alle Freude
von ihnen gewichen und der Alltagsstress hätte alles verdrängt,
was Spaß macht. Resignation ist sicher keine Antwort auf vermeintlich verlorene Chancen. Jeder Mensch hat eine ganz besondere Begabung für das, was er gerne tut.

Finde für dich heraus, was dich wirklich interessiert. Worauf bist du am meisten neugierig? Erinnere dich an deine Kindheitsträume. Was wolltest du werden? Entdecke deine verborgenen Talente und mach dir deine Fähigkeiten bewusst, um herauszufinden, was deine eigentliche Aufgabe im Leben ist. Die eigene Aufgabe zu finden, bedeutet, so lange zu suchen, bis du sie gefunden hast! Als ich meine Berufung gefunden hatte, war ich so voller Feuereifer, dass ich mich nur noch in meine „Arbeit" stürzte – und meine anderen Bedürfnisse vergaß.

Finde einen Ausgleich

Wenn wir der Arbeit die oberste Priorität geben und die eigenen Bedürfnisse zurückstellen, entsteht früher oder später ein Ungleichgewicht. Und trotz bester Arbeitsbedingungen oder des erfolgreichen Starts in die Selbstständigkeit können Stresssymptome auftreten. Mir ging es genauso: Wer sich mehr mit den Bedürfnissen anderer beschäftigt als mit den eigenen, verschwindet hinter seinen Aufgaben. Bis man eines Tages gar nicht mehr vorhanden ist. Mein Rettungsring in diesem Fall hat sich glücklicherweise rechtzeitig gemeldet: ein gesunder Egoismus. Dieser Begriff wird in unserer Gesellschaft leider sehr missverstanden. Dabei bedeutet er einfach: Ich schaue auf mich. Es ist mehr als wichtig, darauf zu achten, sich selbst genug Raum zu geben. Der eigenen Entwicklung, den eigenen Bedürfnissen und Wünschen. Und die bestehen ja auch aus anderen Themen neben dem Beruf. Wenn wir uns nach einer Partnerschaft sehnen, können wir in unserer Berufung noch so sehr aufgehen – sie wird uns nicht ganz erfüllen und stets eine Sehnsucht in uns zurücklassen. Was hast du noch für Wünsche? In der Liebe, im Leben, im Alltag?

Zeit für unsere Freunde und die Familie

Ich setze mich mittlerweile seit vielen Jahren mit meinen Wünschen und den Wünschen anderer auseinander und unterstütze mich und andere dabei, uns unseren wahren Lebenstraum zu erfüllen. So kann ich rechtzeitig feststellen, wo ein Ungleichgewicht entstehen könnte und dem entgegenwirken. Ich achte jetzt wieder mehr auf mich und entscheide mich für einen Ausgleich. Damit ich erst gar nicht in die Lage komme, innerlich auszubrennen. Unsere Bedürfnisse machen uns aus. Sie sind unser Antrieb und unsere Motivation. Wenn wir auf sie achten und ihnen nachgehen, ist das der optimale Rettungsring, bevor wir in Erschöpfung untergehen.

Ich liebe, was ich tue!

Ja. So ist es. Ich liebe, was ich tue. Es begeistert mich, Menschen zu unterstützen, sie untereinander zu vernetzen, zu reisen, Seminare zu geben, und zu schreiben … Für mich ist meine Arbeit Ausdruck meiner Lebensfreude und Kreativität. Ich lebe meinen Herzensberuf. Ich bin mir dabei sehr bewusst, dass das etwas ganz Besonderes ist.

Ich freue mich auf jeden neuen Tag. Meistens beschäftigen mich schon in der Früh die neuesten Ideen, und meine Gedanken schwirren umher wie Bienen in einem Bienenstock. Wenn ich morgens aufwache, bin ich voller Tatendrang. Weil meine Tätigkeit mich glücklich und zufrieden macht und mich erfüllt. Ich kann mir gar nichts anderes mehr vorstellen. Die Liebe zu dem, was ich tue, ist mein Rettungsring. Ich habe den richtigen Weg zur Verwirklichung meiner Fähigkeiten gefunden. Und ich wünsche jedem Menschen auf dieser Erde, dass er dieses Glück auch für sich finden möge.

Erfolg ist, wenn das Leben gut gelingt

Erfolg ist ein ganz besonderes Wort, dem viele Menschen eine große Bedeutung beimessen. Wenn ich einzelne Menschen frage: „Was ist Erfolg für dich?", bekomme ich sehr viele unterschiedliche Antworten. Erfolg zu haben, ist ganz offensichtlich auch mit „glücklich sein" verbunden. Ich habe die häufigsten Antworten gesammelt, um sie mit euch zu betrachten.

Erfolg ist …

… berufliche Karriere

… Mutter oder Vater zu werden, Eltern zu sein

… viele Freunde zu haben

… berühmt zu sein

… das Diplom/die Ausbildung zu schaffen

… Geld zu haben, reich zu sein

… Glück und Zufriedenheit

… ein Haus zu bauen

… einen Preis für die eigene Tätigkeit zu gewinnen

… gesund zu bleiben

… gut auszusehen

… besser zu sein als der Nachbar/ Kollege

Erfolg ist die Summe all dieser Teile.

In der langen Arbeit mit Menschen habe ich zu Beginn erstaunt festgestellt, dass sich die meisten nicht mit dem Thema „Erfolg" auseinandersetzen. Sie sind so beschäftigt, Misserfolge und Fehler *zu vermeiden,* dass ihre Kräfte völlig dezentralisiert sind.

Als ich mich auf meinen Lebensweg machte, stellte ich mir schon sehr früh folgende Fragen, die ich jetzt auch an dich stelle: „Was bedeutet Erfolg für dich persönlich?" „Was hast du vor in deinem Leben?" „Wer sind deine Vorbilder, wen bewunderst du, und warum?" Frage dich, welche Eigenschaften es sind, die dich an dieser Person inspirieren. Welche kannst du übernehmen? All diese Fragen begleiten dich auf dem Weg zum Erfolg. Ganz am Anfang steht natürlich die wichtigste all dieser Fragen:

Du bist breits erfolgreich

Vielleicht bist du es schon längst? Kannst du wahrnehmen, dass du bereits erfolgreich bist? Das Leben ist eine Herausforderung, und es ist ein Erfolg, es zu meistern. Mit all seinen Höhen und Tiefen, Freuden und Rückschlägen. Wir alle tragen verschiedene Charakterstrukturen in uns, die teils auf alten Überzeugungsmustern oder anerzogenen Weltbildern beruhen. Viele haben wir unbewusst von unseren Eltern übernommen, und sie hindern uns heute daran, Erfolg zuzulassen. Unsere bisherige Überzeugung steuert dagegen, indem sie uns ständig an uns selbst zweifeln lässt.

Wir vergleichen uns ständig mit anderen, die wir für besser und erfolgreicher, schöner oder schlanker halten als uns selbst. Wir machen uns regelrecht mürbe damit.

Deshalb heißt dieser Rettungsring: **Ich bleibe bei mir und freue mich über meine eigenen Fortschritte!**

Auch wenn du vielleicht nicht auf allen Ebenen perfekt bist, du bist bereits erfolgreich, und du bist einzigartig!

Vergleiche dich nicht mit anderen

Das Vergleichen mit anderen führt dich in eine Haltung der Minderwertigkeit, und du bist leichter von deinem Weg abzubringen. Sich dauernd mit anderen zu vergleichen, kostet viel Kraft, Aufmerksamkeit und Energie. Die kannst du wesentlich erfolgreicher dafür einsetzen, selbst weiterzukommen und dich zu entfalten. Niemand hält dich davon ab, deinen eigenen Weg zu gehen, außer dir selbst! All die Menschen, mit denen du dich vergleichst, sind ihre eigenen Wege gegangen und haben sich durch nichts davon abbringen lassen. Sie haben ihren Traum konsequent verfolgt und sich nicht von den Steinen auf dem Weg dorthin abschrecken lassen. Nutze den Vergleich positiv: Finde damit heraus, was du dazu brauchst, um dein Ziel zu erreichen. Bereite dich so auf deinen eigenen Weg vor.

Denke daran, dass du nur das Endergebnis siehst, aber die Zwischenschritte nicht kennst. Wer weiß, wie sehr derjenige, mit dem du dich vergleichst, kämpfen musste und wie steinig sein Weg war? Schmiede deine eigenen Pläne. Und freue dich über jeden kleinen Erfolg auf dem Weg zu deiner Vision. Lobe dich selbst für die Dinge, die dir gelingen, und sei stolz auf dich. Freue dich über dein Wachstum und sei gütig zu dir selbst. Überfordere dich nicht durch Perfektionismus oder damit, „alles richtig" machen zu wollen.

Mache den kleinen Zweifler in dir zu deinem Freund

Du kennst sicher den kleinen Zweifler in dir? Diese Gedankenstimme, die uns pausenlos auf unsere Fehler und Unzulänglichkeiten hinweist? Die uns auf Probleme, Schwierigkeiten und

Hürden aufmerksam macht? Die uns sagt: „Die anderen sind viel besser, schlanker, erfolgreicher und talentierter als du!" Hör nicht auf den Zweifler in dir. Und vor allem: Schau nicht auf andere und vergleiche dich nicht. Jeder Mensch ist einzigartig und unersetzlich. Auch du hast ein ganz besonderes Talent. Kennst du es? Hast du es schon entdeckt? Lebst du es aus?

Wenn du nicht auf Anhieb eine Antwort auf diese Fragen findest, lass dir Zeit. Frage dich: Was mache ich gerne? Und hör nicht auf, in dir nach der Antwort zu suchen. Bleib dran! Bleib dran! Bleib dran! Entdecke den Forscher in dir. Überlege dir, was dich immer wieder aufs Neue neugierig macht.

Schreib dir eine Liste zusammen mit all den Tätigkeiten, Hobbys und Dingen, die du gerne machst. Und hol sie hervor, wenn dich der kleine Zweifler besucht. Zeige sie ihm und verbünde dich mit ihm. Lies dir die Liste aufmerksam durch, konzentriere dich auf deine Fähigkeiten und benutze sie als Rettungsring gegen deine Zweifel.

Bündle deine Kräfte und Fähigkeiten

Jede deiner individuellen Fähigkeiten und Talente hat eine Chance verdient, gelebt zu werden. Wovon träumst du? Sei verrückt und spiele gedanklich herum. Rücke deine bisherigen Vorstellungen beiseite und erlaube dir, wenigstens gedanklich mutig zu sein. Glaube an dich und lerne, dich selbst zu lieben. Konzentriere dich auf die Bereiche, in denen du stark bist. Der Gedanke daran stärkt dich und lässt jeden leisen Zweifel verschwinden. Du darfst stolz auf dich sein. Bestimmt kennst auch du diese wunderbare, kindliche innere Freude, die uns überkommt, wenn uns etwas gelingt. Lass sie wieder jeden Tag in dir aufkommen. Lebe aus, wer du bist. Du bist ein Geschenk für die Welt – zeig dich! Konzentriere dich auf das, was du kannst, nicht darauf, was dir schwerfällt. Es liegt an uns, diejenigen Charaktereigenschaften in uns weiterzuentwickeln und zu fördern, die uns zu weisen Persönlichkeiten voller Urvertrauen und Selbstliebe und zu einer Bereicherung für andere machen. Wirklich erfolgreich sein können wir nur, wenn wir mit uns selbst im Reinen sind und uns mit all unseren Charaktereigenschaften versöhnt haben. Verzeihe dir selbst – du darfst Fehler machen und aus ihnen lernen! Wenn du dich annimmst, wie du bist, wirst du daran wachsen und über dich hinauswachsen. Gönne anderen Menschen ihren Erfolg – und vor allem dir selbst deinen eigenen!

Mir ist das Thema „Ausgeglichenheit" sehr wichtig. Ich hinterfrage immer wieder: Wie viel Zeit und Energie stecke ich in Projekte und wie viel bleibt mir für meine Familie? Für mich selbst? Stelle auch du dir diese Frage. Welchen Stellenwert soll dein Erfolg in deinem Leben einnehmen? Und wann war der Moment in deinem Leben, als du dich selbst in eine Schublade gesteckt hast und dir den Stempel „erfolglos, untalentiert, unbedeutend" auf die Stirn gedrückt hast? Was war der Auslöser dafür, dich selbst minderwertig zu fühlen und dich kleinzumachen? Geh auf Spurensuche und lass all diese Erfahrungen los. Versöhne dich mit ihnen und nutze sie in Zukunft für dich. Denn wenn du sie kennst, bist du stets einen großen Schritt voraus. Wie viel Lebenszeit und Aufmerksamkeit möchtest du damit verschwenden, dich mit Gedanken zu quälen, die dir den Weg zu dir selbst verstellen? Die dich daran hindern, du selbst zu sein und herauszufinden, wozu du wirklich fähig bist? Jeder Mensch hat eine ganz besondere Begabung für das, was er gerne tut. Forsche danach, was genau das bei dir ist.

Setz dir kleine, realistische Ziele, die du Schritt für Schritt erreichen kannst. Und dann freu dich darüber, wenn du wieder eines davon erreicht hast. Lebe dein Leben, geh deinen Weg und lass dich durch die Lebenswege anderer nicht davon abbringen, sondern inspirieren. Jeder von uns hat sein ganz eigenes „Päckchen" zu tragen.

Als ich am Theater anfing, war ich von Selbstzweifeln fast zerfressen, ich quälte mich mit Gedanken, dass mich sowieso keiner mag, und dass es nur eine Frage der Zeit wäre, bis sie mein „wahres Gesicht" entdeckten. Und damals war ich überzeugt, dieses Gesicht sei so schrecklich, dass alle vor mir davonlaufen würden. Ich kritisierte und beobachtete mich ständig. Nun ist man in meinem früheren Beruf auch darauf geeicht, sich ständig selbst zu beobachten und zu bewerten – und wenn man es schon nicht selbst macht, dann hat man genügend Leute um sich, die einem ständig sagen, wie ungenügend man ist. Meine Selbsthass-Phase ging sogar so weit, dass ich völlig irritiert war, wenn mich jemand lobte oder mir Komplimente machte: Ich war mir sicher, dass diese Person log. Ich glaubte nicht daran, talentiert zu sein und dachte, dieses fehlende Talent durch Perfektionismus wettmachen zu können. So übte ich noch mehr als andere, kontrollierte ununterbrochen meine Fortschritte – und konnte überhaupt nicht entspannen. Ich war gnadenlos mit mir und anderen … Kurzum: Das Leben machte mir überhaupt keinen Spaß. Meine Erfolge konnte ich nicht genießen, denn ich dachte allen Ernstes, dass sich alle in mir irrten.

Dass ich mich dabei selbst in die Irre führte, wurde mir glücklicherweise klar, als ein guter Freund – der mein Verhalten nicht mehr mit ansehen konnte – mich fragte, ob ich denn sähe, wie schön und talentiert ich sei. Und er sagte, dass viele neidisch seien, weil ich so viele unterschiedliche Talente hätte. Ich war komplett überrascht. Dieses Gespräch brachte mich zum Nachdenken. Welche meiner Verhaltensweisen entfernte mich so sehr von mir selbst? Was trieb mich bisher an, und was könnte ich ändern? Und da wurde mir klar: Wenn ich ständig einem „Phantom" hinterherrenne – dem Phantom des „Perfekten" – dann bin ich ungerecht zu mir und nehme keinerlei positive Fortschritte mehr wahr.

Zwischen Talent und Perfektion

Es ist unmöglich, alles perfekt hinzubekommen. Perfektionisten, die einen immer antreiben, sind auf Dauer anstrengend und machen sich unbeliebt. Und wer bestimmt den Grad der Perfektion? Was ist perfekt? Perfektionismus erzeugt Druck, und diese Anspannung macht keinen Spaß. Ganz im Gegenteil, sie unterdrückt und schadet, weil sie jede Kreativität im Keim erstickt.

Denn Kreativität entsteht aus spielerischer Leichtigkeit und dem Ausprobieren verrückter Ideen. Erfolg heißt, sich selbst zu kennen, sich einschätzen zu können und seelischen und materiellen Ballast loszulassen. Lass auch du deine Ängste, Bedenken und überflüssigen Ansprüche an dich los.

Freu dich über deine Entwicklung! Welche Eigenschaften möchtest du noch gewinnen, welche Fähigkeiten dir aneignen? Mach dir einen Plan, entwickle anhand deiner Antworten eine Strategie für deinen Erfolg. So hast du ein erstes konkretes Ziel vor Augen, das du verfolgen kannst. Das ist dein Rettungsring, an dem du dich in Phasen des Zweifelns festhalten kannst.

Krisen sind sch...ön!

Ach du dickes Ei. Auch das noch! In der Warteschleife …
Was? Der wichtige Termin war heute Vormittag?
Wie? Ich muss Steuern nachzahlen?
Wie heißt dein neuer Freund? Na klar, freue ich mich für dich.
Bitte?! Zu welcher Nachuntersuchung?
Welches Auto hat Totalschaden? Aber nein doch, ich hab
dich trotzdem lieb.
Ach! Deine Mutter ist zu Besuch? Drei Wochen?!
Ich verstehe nicht? Welche Dateien habe ich für immer
gelöscht?
Was, du hast bei ihm übernachtet?!
Aha, das neue Buch wurde wieder abgelehnt?
Nein, kein Problem, dass du mir so kurzfristig wieder absagst.
Ein Wasserrohrbruch? In meiner neuen Küche?

Wer von uns kennt solche Momente nicht?
Tiefschläge gehören zu unserem Leben dazu. Auch wenn uns
das Leben noch so gewogen ist, werden wir immer wieder –
manchmal vollkommen unvorbereitet – ausgebremst.
Aber werden wir wirklich gebremst?
Zumindest haben wir das Gefühl. Es lief doch gerade so schön.
Alles war in bester Ordnung. Alle waren zufrieden. Einge-
schlossen uns selbst.
Und dann, aus scheinbar heiterem Himmel, völlig ungerecht-
fertigt, kommt der Schlag, mit dem wir nicht gerechnet haben.
Was nun?
In solchen Momenten lese ich gerne Biografien erfolgreicher
Menschen. Denn dann wird mir schnell wieder klar: Zu jedem
Erfolg gehört auch Misserfolg.

Das Leben erfolgreicher Menschen verlief stets im Zickzack. Nie waren die Verhältnisse für sie einfach. Im Gegenteil. Die Erfolgreichsten hatten oft die schwersten Bedingungen.

Scheinbar brauchten sie die, um überhaupt die Kraft zu finden, über sich hinauszuwachsen.

Fällt uns alles in den Schoß, oder wird es uns allzu leicht gemacht, entwickeln wir nicht die Fähigkeiten, mögliche Krisen zu meistern. Wir sind dann, genau genommen, nicht auf das Leben mit all seinen Veränderungen vorbreitet.

Nur wer auch Niederschläge erfahren hat, immer wieder aufgestanden ist, gelernt hat, Hürden zu übersteigen und neue Türen zu öffnen, wird nicht mehr vor möglichen Gefahren und Fallen, die das Leben zu bieten hat, zurückschrecken. Was soll ihm denn noch passieren? Er hat schon viel erlebt und weiß, dass er stark und klug genug ist, Krisen zu überstehen.

Der tiefere Sinn von Krisen

Vielleicht ist das überhaupt der Sinn von Krisen und Problemen: uns vorzubereiten und stark zu machen.

Auch wenn uns das in Momenten der Niederlage nicht sofort hilft – aber jedes Problem ist immer nur so groß, wie wir es bewältigen können.

Wenn deine Ausgangslage schlecht ist, na und? Gerade darin liegt auch eine Chance.

Ich zum Beispiel stamme aus sehr einfachen und ärmlichen Verhältnissen. Nicht immer war es sicher, ob meine Eltern die Miete bezahlen konnten – und der Gerichtsvollzieher durfte stets erkennen, dass sein Besuch völlig umsonst war. Bei uns gab es einfach nichts zu pfänden.

Rückblickend und vergleichend mit anderen Biografien erfolgreicher Menschen darf ich feststellen, dass gerade dies mir die Kraft geschenkt hat, meinen Weg zielgerichtet zu gehen. Unbeirrt und ausdauernd. Mein das Leben hatte immer wieder Überraschungen für mich auf Lager. Darunter auch böse Überraschungen, die manchmal aussichtslos erschienen oder ungerecht.

Heute weiß ich, dass gerade sie mir geholfen haben, meinen Charakter zu entwickeln. Durch sie habe ich nicht nur Durchsetzungskraft gelernt, sondern auch Stärke und innere Ruhe gewonnen. Ebenso Bescheidenheit, Demut, Mitgefühl, Freundschaft, Loyalität und Treue. Aber auch Achtung vor dem Missgeschick anderer. Nicht zu vergessen die Freude über kleine Dinge, Dankbarkeit und Ausdauer – und ein tiefes Urvertrauen, dass immer alles zu meinem Besten geschieht.

Natürlich kann man das nicht immer sofort erkennen. Schon gar nicht, wenn man gerade mitten in so einem Schlamassel steckt. Aber wenn ich heute auf mein Leben zurückblicke, muss ich zugeben, dass gerade die Tiefschläge es waren, die sich als meine größten und besten Lehrmeister herausstellten.

Das Leben ist sch...ön!

Und ja, manchmal eine ganz schöne Herausforderung. Nicht immer läuft es sehr gerecht ab. Und da soll man sich nicht aufregen? Natürlich regt man sich auf. Aber wem hilft das? Wird es dadurch besser? Natürlich ist man verzweifelt und verzagt. Aber seltsamerweise – Jahre später – erkennen wir, wie hilfreich diese Korrekturen des Schicksals für uns waren.

Auch in meinem Leben gibt es unzählige solcher Erlebnisse. Natürlich habe ich sie nicht gemocht, aber geholfen haben sie mir enorm. Ich habe sogar bereits schon einmal alles verloren und geglaubt, nie wieder aus diesem Loch herauszukommen. Und dennoch sollte mich gerade diese Krise stärken.

Ich war umgezogen, hatte mir zu diesem Zweck einen LKW gemietet und mit meinem gesamten Hab und Gut vollgeladen. Viel zu müde von der Strapaze, war ich zu schnell gefahren. In einer Rechtskurve kippte der Laster um, zerquetschte unkontrolliert über die Straße schießend zwei parkende PKWs und donnerte quer liegend in eine Gaststätte. Als man den völlig zerstörten LKW mit einem Kran wieder aufstellte und die hintere Ladetür öffnete, war mein gesamtes Hab und Gut zu einem kleinen Schrottpaket zusammengedrückt worden. Es landete noch am gleichen Tag unbesehen auf einer Mülldeponie. Alle Biedermeiermöbel, alle Erbstücke, alle technischen Geräte. Nichts war mir geblieben. Nicht einmal meine Bilder oder meine Schallplatten. Einfach nichts.
Zudem verklagte man mich zu einem gigantischen Schadenersatz. Wegen dem LKW, dem Haus, der PKWs und auch die Krankenkassen meiner Helfer, die mit im Wagen saßen – alle wollten, dass ich für den Schaden aufkomme. Die Versicherungen kamen zu dem Schluss, dass mein Verhalten grob fahrlässig gewesen war, und sie verweigerten jegliche Zahlung. Über Nacht hatte ich nicht nur alles verloren, ich stand sogar noch dazu vor einem gewaltigen Schuldenberg.

Als wäre dies nicht genug, war ich 14 Tage später in einen erneuten Unfall verwickelt gewesen. Es war ein eisiger Wintertag, und ein entgegenkommender LKW verlor Eisplatten von seiner Plane, und diese segelten mir entgegen, durchbrachen meine Windschutzscheibe und knallten in mein Gesicht.

Ich war übersät mit Schnittwunden, von denen niemand wusste, wie und ob sie jemals wieder verheilen würden.

Freunde bringen Licht in dunkle Stunden

Zwei Tage vor Weihnachten saß ich also frierend im Rohbau meines neuen Hauses. Hoffnungslos. Ohne Möbel. Auf einem kleinen Holzkistchen. Ich war pleite, das Haus zu 100 Prozent verschuldet und die Ehe mit meiner ersten Frau gerade erfolgreich gescheitert. Noch dazu war es fraglich, ob ich – mit all den Schnittwunden – jemals wieder als Schauspieler Geld verdienen können würde. Innerhalb von zwei Wochen hatte ich alles verloren. Das Schicksal hatte mir den sicher geglaubten Boden unter den Füßen weggezogen.

Am Weihnachtstag besuchte ich meinen Bruder im Krankenhaus. Er hatte mir beim Umzug geholfen und sich bei dem Unfall zwei Rippen gebrochen.

Als ich spät am Abend in das Haus zurückkehrte, geschah das kleine Wunder: In dem kahlen Raum, das mein Wohnzimmer hätte werden sollen, standen plötzlich Möbel. Ein Teppich verdeckte den Estrich, und in einer Ecke stand ein kleiner Weihnachtsbaum. Was war geschehen? In meiner Abwesenheit hatten Freunde von mir beschlossen, sich von den Dingen zu trennen, die sie am liebsten hatten und mir diese zu schenken.
Und so saß ich plötzlich im Sammelsurium der buntesten Möbel, aß frisches Weihnachtsgebäck, wärmte mich an einem kleinen Schwedenofen und war so glücklich und beseelt wie nie zuvor in meinem Leben.
Noch heute erinnere ich mich an dieses Weihnachten.

Zwei Jahre später war ich wieder schuldenfrei, alle Verletzungen verheilt, und ich hatte etwas Enormes gelernt: Freunde sind das kostbarste Gut auf dieser Welt. Das war mir bis zu diesem Zeitpunkt nicht bewusst gewesen. Und! Materie ist vergänglich. Nur das, was wir emotional entwickeln, ist uns sicher.

Vor allem aber wusste ich zwei Jahre später: Auch wenn die Krise noch so groß ist, besitze ich die Kraft größer zu sein. Dieses Weihnachten und die darauffolgende Zeit hat mir ein unglaubliches Urvertrauen geschenkt.

War es also schlimm? Ja. Ich habe alles verloren. Aber ich habe noch wesentlich mehr gewonnen. Heute kann mich nichts mehr so schnell umhauen. Wütend machen? Ja natürlich. Verletzen? Durchaus. Aber in der Tiefe meines Herzens weiß ich stets, dass dort auch immer eine wundervolle, heilsame Erfahrung für mich steckt. Und ich weiß, dass ich stets groß genug bin, daraus zu lernen und zu wachsen.

Jede Krise, die wir überstehen, stärkt uns. Sie macht uns größer und feilt unseren Willen. Aus jeder Krise erwachsen in uns neue Kräfte. Wir gehen reifer und bewusster durchs Leben.

Krisen sind Chancen

Auch wenn wir Krisen nicht mögen, bieten sie uns die Möglichkeit, unser Leben neu zu ordnen und Dinge zu überdenken. Immer wenn wieder einmal etwas Unvorhergesehenes über mich hereinbricht, frage ich mich also stets: Welche Lehre hält diese Erfahrung für mich bereit? Was soll ich daraus lernen? Warum passiert es gerade jetzt?
Welcher Anteil in mir wird jetzt gerade geschult?

Manchmal übersehen wir die Zeichen, die uns vorher auf unserem Weg begegnen. Manchmal entdecken wir erst durch eine Krise, dass wir vielleicht gerade dabei sind, uns völlig zu überfordern. Oder aber, dass wir vielleicht die wahren Werte vergessen haben. Vielleicht sind wir gar nicht wirklich glücklich oder entfernen uns gerade vom Glück. Vielleicht haben wir wesentliche Dinge vernachlässigt und werden nun darauf hingewiesen. Vielleicht gehen wir gar nicht unseren eigenen Weg, sondern den Weg anderer.

Wenn wir „scheitern", bedeutet dies in der eigentlichen Bedeutung des Wortes nur, dass Dinge in Scheite gespalten werden. Durch dieses Aufspalten kommt so manches an die Oberfläche, das wir vielleicht anders nie zu sehen bekommen hätten. Wir werden gezwungen innezuhalten. Hinzuschauen. Genau zu prüfen.

Krisen bieten uns oftmals die Möglichkeit, unser Leben genauer zu durchleuchten. Gerade in Zeiten der Krise haben wir die Chance, uns selbst näher zu kommen und uns selbst zu entdecken. Wer bin ich? Was will ich? Was sind meine Ziele?

Mein Rettungsring – um aus misslichen Lagen wieder rasch herauszufinden – hat sich eigentlich durch all die vergangenen Erlebnisse fast wie von selbst entwickelt.

In die eigenen Tiefen gehen

Dies geschieht jedoch nur, wenn wir die Krise als eine Chance annehmen und uns fragen: Welche Lehre hat sie für mich? Was lerne ich daraus? Und auf welche Weise macht sie mich stark? Wie will ich leben? Und vor allem wofür?

82

Allein wenn ich mir diese Fragen stelle, geschieht etwas sehr Erstaunliches: Ich bin nicht länger hoffnungslos oder wütend oder traurig, sondern in mir entsteht – mitten im ganzen Chaos – auch das Gefühl von Mut, Kraft und Würde. Allein diese Fragen, allein dieser Rettungsring, den ich mir selbst umlege, führt mich oftmals rasch aus der Hilflosigkeit heraus.

Wenn andere um mich herum nervös werden, ausrasten und keinen klaren Gedanken mehr fassen können, versuche ich mich stets mit beiden Händen an meinem Rettungsring festzuhalten. Ich sehe immer den kleinen Türspalt, der zur Lösung führen könnte. Wenn andere auf dem Glatteis Sprünge veranstalten, muss ich dann mit ihnen einbrechen? Oder kann ich sie womöglich vom Eis holen?

Ob ich diese Weitsicht wirklich immer schaffe? Nö. Gar nicht. I wo! Schön wär's! Aber wie heißt es so schön? Immer öfter. Ich nehme einfach dieses Kapitel mit, wenn mich das Leben mal wieder kalt erwischt. Und dann? Dann lese ich es mir in aller Ruhe durch. Denn dafür sind doch Rettungsringe da. Um sich daran festzuhalten.

Manchmal denke ich auch noch an dieses außergewöhnliche Weihnachten. Oder an andere Krisen, die ich bereits gemeistert habe. Allein das hilft mir, wieder zu lächeln und zu sagen: „Jetzt erst recht."
Schon nach kurzer Zeit nehme ich dann dankend das Leben an. Vor allem aber nehme ich auf diese Weise sofort wieder am Leben teil, das mich zu neuen Aufgaben und zu neuen Türen führt, die ich so – vorher – noch gar nicht gesehen hatte oder kannte.

Lebensqualität genießen

Lebensqualität zu genießen, das ist für mich ein Rettungsring und – unter anderem – auch mit Essen verbunden. Ich liebe es, gut zu essen. Essen ist Genuss. Es ist für mich etwas Kostbares und ein wichtiges Stück Lebensqualität. Ich mag verschiedene Geschmacksrichtungen, deshalb fasziniert mich die internationale Küche am meisten. Auf meinen Reisen probiere ich (fast) alles – besonders die exotischen Früchte und Gemüsesorten haben es mir angetan. Es gibt in meinem Leben aber auch immer wieder Phasen, wo ein einfaches, saftiges dunkles Brot mit Butter, Salz und Tomaten Glücksgefühle in mir auslöst.

Essen bedeutet für mich, die Lebensmittel als *Mittel zum Leben* mit Freude und Dankbarkeit zu mir zu nehmen. Immer wenn der Teller mit dem Essen vor mir steht, spreche ich innerlich einen Segen und bedanke mich. Ich genieße es, den wundervollen Geschmack des Essens immer wieder neu zu entdecken. Essen ist Lebenslust und Freude, und es bedeutet, andere und auch mich selbst zu verwöhnen. Natürlich gibt uns Essen auch Lebensenergie. Was wir uns zuführen, wandelt unser Körper in Vitalität, Lebensfreude und Kraft um.

Essen ist Lebensqualität und Gesundheit

Diese Einstellung zum Essen und zu meinem Körper hatte ich nicht immer. Als ich am Theater anfing, gehörte es zum guten Ton, nur Kaffee zu trinken, kaum etwas zu essen und gleich weiterzuproben. Gegessen wurde dann erst nach der Vorstellung, teilweise spät nach Mitternacht. Meistens waren es fettige Bratkartoffeln, Frikadellen oder ein Teller mit einem Nudelgericht. Danach „musste" man natürlich Alkohol trinken und in die nächste Bar pilgern, um dann dort zum Nachtisch mit Tequila weiterzumachen. Als Jüngste im Ensemble wollte ich natürlich „dazugehören". Der Gruppendruck war sehr hoch und die Anfeindungen, wenn man sich nicht anpasste, kein Zuckerschlecken. So machte ich ein paar Monate lang brav mit. Ergebnis war, dass ich meinen Körper durch diese schlechte Ernährungsweise komplett geschwächt hatte und sehr anfällig wurde für Grippe, Angina, Bronchitis und bakterielle Infekte. Ich schleppte mich nur noch zu den Proben und stand mit glasigen Augen auf der Bühne. Ich aß Antibiotika wie Brot, mit dem Resultat, dass sie überhaupt nicht mehr halfen.

Wie so oft im Leben verändert man erst etwas, wenn der Leidensdruck sehr hoch ist. Ich war gerade einundzwanzig und fühlte mich wie eine schwache, alte Frau. So konnte und wollte ich nicht weitermachen! Ich nahm eine radikale Ernährungsumstellung vor. Mein damaliger Heilpraktiker gab mir Naturheilmittel, um meine Darmflora wieder aufzubauen, und eine lange Liste mit den Nahrungsmitteln, die ich die nächsten Wochen essen durfte und solchen, die ich lieber meiden sollte. Ich ging wieder früher zu Bett und kümmerte mich nicht um die unqualifizierten Bemerkungen der Kollegen.

Von Tag zu Tag ging es mir besser, vor allem, weil ich in dieser Zeit hauptsächlich stilles Wasser trank. Meine Ernährung wurde zum Rettungsring – gegen Krankheiten und für mehr Gesundheit, Vitalität und auch Lebensqualität. Ich kaufte nur noch im Bioladen ein und beschäftigte mich tagein, tagaus mit den Inhaltsstoffen der einzelnen Lebensmittel. Nicht mit den Kalorien, um sie zu zählen, sondern mit den Mineralien, Vitaminen und Spurenelementen, die sie enthalten. Mir eröffnete sich eine völlig neue Welt. „Eure Nahrung soll eure Medizin und eure Medizin soll eure Nahrung sein." Dieser Satz des Hippokrates bildete von dem Augenblick an die Basis für mein Leben.

Lebenslust ist Achtsamkeit

Achtsamkeit ist eine Form des Respekts. Wenn wir etwas respektieren, gehen wir achtsam damit um. Es ist ein Zeichen dafür, dass wir den kleinen und großen Dingen liebevoll begegnen. Ich dekoriere zum Beispiel liebend gern. Jedes Detail hat seine eigene kleine Geschichte. Jede Jahreszeit hat ihren eigenen Duft und ihre eigene Farbenwelt. Da ich Blumen sehr gerne mag, stelle ich mir oft einen frischen Blumenstrauß auf meinen Schreibtisch und erfreue mich an der Farbenpracht. Das ist mein kleiner Rettungsring inmitten all der Verpflichtungen und zwischen all dem Papierkram, den es zu erledigen gilt. Wenn ich wieder einmal nicht weiß, wo ich am besten anfangen oder die Papiere ablegen soll, damit ich sie auch wiederfinde, und mein Blick auf die Blumen fällt, dann bin ich stets bezaubert von der lieblichen Ausstrahlung und versöhne mich mit meinem Büroalltag.

Entschleunigung ist Lebensqualität

Wie können wir Lebenslust empfinden oder gar genießen, wenn wir nur Termindruck verspüren, in dringenden Aufgaben untergehen und nur so durchs Leben hetzen? Wenn ein Ereignis das nächste jagt? Vor lauter Hektik verpassen wir die wertvollsten Momente. Entschleunigung ist Lebenslust. Es lohnt sich, ganz bewusst Hektik, Pflichten, Aufgaben, Termine und Projekte zu reduzieren und dafür die wenigen Tätigkeiten mit voller Aufmerksamkeit und achtsam zu erfüllen. Sich auf das Wesentliche zu beschränken und auf den Moment zu konzentrieren. Denn wenn wir überall sind, sind wir nirgendwo. Wir sind oft körperlich präsent, aber unsere Gedanken schweifen rastlos umher. Wenn wir zum Beispiel essen und schon an die Präsentation mit dem Chef oder das Meeting am Montag denken, haben wir weder das Essen genießen können noch können wir beeinflussen, was in dem Meeting vor sich gehen wird. Durch die Schnelllebigkeit unserer Gesellschaft, den Leistungsdruck, dem wir unterworfen sind, und unseren inneren Ehrgeiz, mithalten zu wollen, verlieren wir immer mehr den Bezug zu uns selbst, zur Familie und letztendlich auch zu dem, was uns *wirklich* glücklich macht. Wir sollten unbedingt wieder lernen, zur Ruhe zu kommen. Wir brauchen eine sinnvolle Anleitung zum Selbstmanagement und die richtige Balance zwischen Leben und Lebensorganisation. Wir sollten die Entscheidung fällen, die unwesentlichen Dinge aus unserem Leben zu verabschieden. Es ist an der Zeit, Veränderungen vorzunehmen und die kostbare Lebenszeit weise einzusetzen und einzuteilen, um innere Ruhe zu gewinnen.

Wer in sich ruht, der strahlt Lebenslust, Zufriedenheit, Glück und Erfolg aus. Innerer Friede schenkt uns eine andere Wahrnehmung der Dinge im Außen. Wir lassen uns dann nicht mehr durch jede Kleinigkeit „verrückt machen".

Lebensqualität ist, Zeit für das Wesentliche zu haben

Das Wesentliche entdecken wir, während wir wahrhaftig leben. *Auf das Wesentliche konzentriert.* Es zeigt sich im Lauf unseres

Lebens: „Gesundheit ist nicht alles, aber ohne Gesundheit ist alles nichts", sagte schon Arthur Schopenhauer.

Gesund zu sein und zu bleiben bedeutet, die Balance herzu-stellen zwischen Körper, Geist und Seele. Jede Ebene in uns hat ihre ganz eigenen Bedürfnisse. Diese zu kennen und – vor allem – auch zu beachten, ist für uns von allergrößter Bedeutung.
Zeit spielt in diesem Fall eine große Rolle. Denn der Körper braucht Zeit, um seine selbstregulierenden Kräfte zu entfalten. Der Geist braucht Zeit, um zur Ruhe zu kommen. Und die Seele braucht Zeit, um Erfahrungen zu sammeln, einzuordnen und zu verarbeiten. Aber woher sie nehmen, die mangelnde Zeit?
Die Redensart trifft zu: Zeit hat man nicht, man muss sie sich nehmen. Niemand „gibt" uns die Zeit oder „nimmt" sie uns – wir sind die Regisseure unseres Lebens. Wir entscheiden in jeder Minute, was wir als Nächstes tun werden.

Nimm dir Zeit für eine Mini-Meditation

Wenn ich mich in meinem Hamsterrad verliere, bediene ich mich oft dieser kleinen Kurz-Meditation als Rettungsring, um mich wieder mit mir, der Welt und meiner inneren Ruhe zu verbinden.
Dann schließe ich die Augen – egal, ob ich in der U-Bahn bin oder mitten in einem Vortrag – und lenke meine Aufmerksamkeit auf das „innere Lächeln" in mir. Ich stelle mir vor meinem geistigen Auge vor, alle meine inneren Organe hätten lustige Smiley-Gesichter, würden kichern, lächeln, grinsen, lachen: Meine Nieren, meine Leber, meine Galle, mein Magen, meine Lunge, mein Herz … Bis ich fühle, wie mein ganzer Körper kitzelt vor lauter Lachen. Dann grinse ich bereits über das ganze

Gesicht, öffne die Augen und fühle mich leicht und beschwingt. Sobald mich dann ein Mensch anblickt oder mir die Tür aufhält, blickt er in mein lächelndes Gesicht und kann selbst nicht anders, als mich anzulächeln.

Das Lächeln, das du aussendest, kehrt zu dir zurück. Ja, dieses chinesische Sprichwort stimmt. Ein Mensch, den du anlachst, lacht zurück. Beschenke die Welt, und sie schenkt dir etwas zurück.

11 kleine Rettungsringe, um Zeit zu gewinnen:

1. Nutze deinen Biorhythmus und dein natürliches Schlafbedürfnis.
2. Lerne „Nein" zu sagen.
3. Mach dir eine To-do-Liste und erledige das Wichtigste zuerst.
4. Triff dich nur mit Leuten, wenn du Freude daran hast.
5. Nimm dir pro Tag mindestens 20 Minuten Zeit NUR für dich.
6. Lass Unwichtiges sein.
7. Reduziere das Fernsehschauen und Zeitunglesen auf ein Minimum.
8. Sei tolerant – das erspart dir sehr viel Ärger.
9. Gehe nicht auf Gerüchte ein – wer kennt schon die wahre Geschichte? Das spart dir Zeit und Energie.
10. Rede nicht über andere Leute – auch dadurch gewinnst du viel Zeit.
11. Sei dankbar für den Augenblick.

Den Moment kann nur genießen, wer sich Zeit nimmt. Zeit für sich. Das bedeutet zu keiner Sekunde, „Nichtsnutz" zu sein – denn wem soll man denn bitte „nutzen"?

Das Wichtigste ist, sich selbst so wichtig zu nehmen, dass man sich mit Achtsamkeit und Respekt behandelt, das ist der erste Schritt zur Selbstliebe.

Lebensqualität ist, sich zu belohnen

Ich sage gerne und oft „Danke". Ich bedanke mich immer, für die kleinste Kleinigkeit. Ich finde, man kann nicht oft genug Danke sagen. Als ich noch Schauspielschülerin war und nicht besonders viel Geld hatte, kreierte ich mir ein kleines tägliches Ritual, um mich zu belohnen. Ich ging in Wien in ein ganz besonderes Pralinengeschäft und kaufte mir meine Lieblingspraline. Eine einzige. Die genoss ich dann ganz besonders, indem ich sie lange im Mund behielt und sie ihren einzigartigen Geschmack auf meiner Zunge entfalten ließ. Wie dankbar war ich für jede einzelne Praline!

Und von meinem ersten selbstverdienten Geld als Schauspielerin kaufte ich mir einen kleinen Ring, den ich heute noch habe. Wenn ich ihn sehe, erfüllen mich große Dankbarkeit und Freude. Dafür, dass ich es mir wert bin, mich selbst zu beschenken.

Freu dich über dich selbst! So bist du dir selbst der allerbeste Rettungsring. Lach so viel und sooft du kannst, stecke andere damit an, versüße ihnen und dir das Leben, sei beschwingt und glücklich. Wir können unser Leben immer, zu jedem Zeitpunkt, in die gewünschte Richtung lenken. Das Leben ist so kostbar, genieße jeden Augenblick!

Auszeit!

Wenn die Arbeit auf dem Schreibtisch sich bis drei Meter fünfzig zur Decke türmt. Wenn man nicht mehr weiß, wo man zuerst anfangen soll. Wenn die Liste, die man abarbeiten muss, immer länger, anstatt kürzer wird. Und der Druck immer größer. Man ist überall und nirgendwo. Schon gar nicht bei sich selbst. Man funktioniert nur noch. Und man spürt, wie die Nerven langsam der Belastung nicht mehr gewachsen sind.

Und man denkt, ein bisschen was geht noch.

Aber in Wahrheit geht gar nichts mehr. Schon lange ist man völlig „drüber". Man ist unleidlich, wirkt gereizt. Und selbst das kleinste Problem scheint unlösbar groß zu werden.

Dann ist es höchste Zeit, den Rettungsring herauszunehmen.

Ich weiß. Das geht nicht. Nicht jetzt. Ich muss doch nur noch …

Es gibt einen Termin.

Aber gerade dann! Gerade dann, wenn es absolut überhaupt nicht und niemals geht. Gerade dann ist der Zeitpunkt gekommen. Zeit für eine Auszeit – den rettenden Rettungsring.

Wenn ich merke, dass mich alles nervt und die Unlust zur Arbeit immer größer wird, gerade dann benötige ich eine Auszeit. Eine Pause von allem.

Ich habe es oft genug auch ohne probiert und geglaubt, dass ich nur noch diese eine wesentlich Sache zu Ende bringen müsste. Dann hätte ich genügend Zeit, um mich wieder zu erholen. Seltsamerweise kam diese Zeit nie. Kein Wunder. Wenn man die Zeit für sich in die Zukunft schiebt, dann verbleibt sie in der Zukunft. Denn wenn man so leistungsfähig ist, kommen immer neue, andere wesentliche und wichtige Dinge dazwischen, die es doch so dringend auf Termin zu bearbeiten gibt.

Ich habe das recht spät gemerkt. Viel zu sehr war ich gefangen in der Euphorie meiner Arbeit. Aber alles in der Natur hat Phasen der Pause.

Diesen Pausenschalter müssen wir auch für uns finden.

Mach mal Pause!

Meinen ganz persönlichen Pausenschalter betätige ich immer dann, wenn ich glaube, mir auf keinen Fall eine Pause erlauben zu dürfen. Dann lege ich alles beiseite, setze mich ins Auto und genieße Orte, an denen ich bisher noch nicht gewesen bin. Die flache Stelle am Fluss, der kleine Waldweg, den ich immer schon mal entlanggehen wollte, obwohl ich sicher bin, dass er nirgendwohin führen wird, der wackelige Hochsitz mit den rostigen Nägeln, die sonnenbeschienene Wiese, auf der jetzt der Mohn wächst.

Und dann, wenn mich niemand beobachtet, wälze ich mich im Gras, laufe barfuß durch den viel zu kalten Fluss, teste die Reichweite von Pusteblumen und bin einfach nur voller kindlicher Energie.

Hast du einmal entdeckt, welche Formen Wolken annehmen können? Wie Gewitter riecht? Und wie Schnee? Und weißt du eigentlich, wie unterschiedlich Vögel klingen? Versuch doch einmal, beim Klopfen eines Spechts mitzuzählen. Oder ohne Uhr abzuschätzen, wie lange eine Minute dauert.

Hast du schon einmal bemerkt, dass feuchte Waldluft ganz anders duftet als eine frisch gemähte Wiese? Oder Heu?

Du merkst sicherlich schon, worauf ich hinauswill. Mein Rettungsring bei Überarbeitung ist nicht etwa Nichtstun. Im Gegenteil. Ich tue etwas. Nur: Ich tue etwas ganz anderes.

Ich beobachte. Ganz bewusst. Ich beobachte Dinge, die meine ganze Konzentration erfordern und alle meine Sinne anregen.

Hast du schon einmal im Wald mit geschlossenen Augen versucht herauszuhören, wie viele verschiedene Geräusche es dort gleichzeitig gibt?
Wenn wir unsere Beobachtung ganz gezielt auf etwas Neues und Unbekanntes richten, dann hat unser Verstand keinen Raum mehr für all die bisherigen Gedankenschleifen. Wir steigen aus dem Gedankenkarussell aus. Wir schalten ab und entspannen.

Also widme dich Neuem – fahr Rollerblades oder ein Hochrad, kauf dir *Pois* – das sind Jonglierbänder aus buntem Stoff – oder eine *Slackline,* das Balanceinstrument der Kletterer, und trainiere damit dein Körpergefühl. Oder „tanze" auf einem Seil. Oder jongliere mit Bällen.
Tu alles, was deine volle Konzentration erfordert. Mach deinen Kopf frei.

Ich liebe es, ganz bewusst zu beobachten. Hast du mal gesehen, wie ein Weizenfeld sich im Wind bewegt? Oder Wasser sich zu kräuseln beginnt, mit flackernden Bewegungen, von der Luft angetrieben, sich zu dir bewegt und es eine Weile dauert, bis auch du dann den frischen Luftzug spürst?

Wenn meine Gedanken allzu sehr rotieren, liebe ich es, mit nackten Füßen durch unseren Fluss zu waten. Das Wasser ist so kalt, dass es nur noch das Wasser und meine Füße gibt. Ich bin danach frisch und hellwach, fühle mich fit.
Hast du mal versucht, auf kleinen spitzen Steinen im Wasser zu tanzen? Das kitzelt!

95

Versuch es doch mal, und du wirst aus dem Lachen nicht mehr herauskommen.

Das Leben mit allen Sinnen erfahren

Ein, zwei Stunden mit einem Lächeln im Gesicht in der Natur und alle Eindrücke ganz bewusst wahrnehmen, das ist die beste Erholung für mich und mein am meisten angewandter Rettungsring.

Wenn dir wieder mal alles über den Kopf wächst, wenn der Haussegen schief hängt, du völlig überarbeitet bist, dann überfordere deine Sinne nicht auch noch mit der Berieselung des Fernsehens. Schließe deine Wohnungstür, fahre in den nächsten Park oder Wald. Auch wenn es abends ist. Und beobachte. Nimm wahr. Rieche, lausche und genieße. Entspann dich.

Die wahren Wunder des Lebens finden nicht auf unserem Schreibtisch statt.

Seitdem ich mir angewöhnt habe, immer ganz bewusst hinauszugehen, habe ich jeden Tag viele kleine Auszeiten. Momente der Ruhe und Einkehr. Jede Menge kleine Rettungsringe, die große Wirkung haben. Die Natur ist so lebendig, dass wir das pure Leben in uns aufsaugen, wenn wir uns in ihr aufhalten. Ganz egal, was wir dabei machen. Ob wir Zeitung lesen oder ein Buch, ob wir einen Apfel vom Baum pflücken und genüsslich hineinbeißen oder einfach nur dasitzen und sind. Und einfach nur das Sein genießen.

Die größte Wirkung auf mich hatte es, als ich einmal nachts im Wald übernachtet habe. Ich stand vor zwei Abgabeterminen und hatte den Schreibtisch bereits einige Zeit nicht mehr verlassen. Ich war müde und ausgelaugt, und die Gedanken im Kopf liefen bereits unaufhörlich, völlig selbstständig ab.

Da beschloss ich, den Schlafsack meiner Tochter zu nehmen, ein bisschen Proviant und eine Thermoskanne mit Kaffee einzupacken und ein kleines Kopfkissen. Und dann fuhr ich mit dem Fahrrad in den nahe gelegenen Wald. Also gar nicht weit draußen oder wesentlich entfernt von dort, wo wir wohnen. Eigentlich noch immer eingebunden in die Zivilisation der Stadt. Und dennoch war alles anders. Die Geräusche, die Gerüche, das komplette Wahrnehmen war verändert. Sogar das eigene Atmen war anders. Auch das Einschlafen und das Aufwachen. Nur selten waren alle meine Sinne so bewusst beim Wahrnehmen.

Das Aufwachen in einer vollkommen ungewohnten Umgebung war grandios. Das Streulicht der ersten Sonnenstrahlen. Der Gesang der Vögel, die zwei neugierigen Eichhörnchen, die morgens eilig an einem Baum hochkletterten, und das Rauschen des kleinen Bachs.
Als ich an diesem Morgen wieder nach Hause fuhr, war ich wie ausgewechselt. All meine Sinne waren neu erwacht, und ich ging voller Elan zurück an meine Arbeit.

Mancher Rettungsring ist wirklich supereinfach. Man muss ihn nur ergreifen. Und! Man muss dafür keinen langen Urlaub buchen. Raus aus der ermüdenden Routine, raus aus der Stadt, hinaus ins Grüne, in die Natur – und hinein in ein neues, anderes Wahrnehmen. Abtauchen in eine andere Welt, abschalten und entspannen. Das ist leichter, als du vielleicht glaubst.

Die Natur ist eine starke Kraftquelle

Ich erinnere mich noch gut daran, wie ich mich als Kind im Sommer immer auf dem Rücken in die Wiese gelegt und die Wolken am Himmel beobachtet habe. Sie zogen wie kleine, flinke Wattebäusche vorüber, und ich erkannte darin allerlei Tiere, Gesichter und Grimassen, exotische Pflanzen oder Sagengestalten. Da ein Elefant, hier ein Drache, dort ein Engel, ein Herz oder mystische Hieroglyphen.

„Wolkenraten" ist Ausdruck der Entspannung und Konzentration auf diesen einen Moment. Jede Sekunde unseres Lebens ist wertvoll und verdient unsere ganze Aufmerksamkeit. Wolkenraten ist für mich die vollkommene Hingabe an den Moment, die Phantasiebilder am Himmel sind vergänglich, und gerade, weil sie sich ständig verändern, sind sie besonders wertvoll und einzigartig. Sie ziehen über uns hinweg, und unsere Augen erblicken in diesem kurzen Moment etwas niemals in dieser Form Wiederkehrendes. Unserer Phantasie sind keine Grenzen gesetzt. Wenn wir uns als Erwachsene von diesem einmaligen Naturschauspiel faszinieren und begeistern lassen, kann sich unser inneres Kind nach Herzenslust austoben. Während wir uns mit dem Blick im Himmel und den Wolken verlieren, kommen wir innerlich zur Ruhe, sind voll konzentriert, tanken Energie und füllen unsere Kraftreserven wieder auf. Das Schöne daran: Wolkenraten kann man immer und überall.

Damals in der Wiese liegend, war ich glücklich. Sehr glücklich. Weil nichts zählte – nur der Moment und das Entdecken meiner eigenen Phantasiebilder. Ich erlebte Faszination und

Schönheit dieses Naturphänomens bewusst, mit all meinen Sinnen und meiner vollen Aufmerksamkeit.

Im Grunde genommen brauchen wir Menschen nicht viel, um glücklich zu sein. Wir haben es nur leider verlernt. Wenn wir uns – sei es auf achtsamen Spaziergängen im Wald oder beim Wolkenraten – darauf besinnen, wie wir einst lebten und wozu wir hier sind, verbinden wir uns wieder mit unserer ureigenen Kraft. Als Kinder sind wir auch oft barfuß gelaufen, darauf sollten wir als Erwachsene zurückkommen.

Dem inneren Kind begegnen

Wir alle haben unsere ganz individuellen Quellen, die uns Kraft schenken. Orte, an denen die Seele wieder aufatmet. Schöne Erlebnisse, die uns mit unserer Mitte verbinden oder auch Menschen, die uns Lebensfreude und Energie geben.

Kraftquellen sind immer sehr persönlich, sie stellen eine fast intime Beziehung dar zu anderen Menschen, zu besonderen Gegenständen, zu unserem Glauben, zur Natur oder zu uns selbst. Die Kraft in uns entsteht immer dadurch, dass wir uns mit diesen Kraftquellen ganz bewusst verbinden.

Für mich persönlich ist die Natur eine starke Kraftquelle und als solche auch einer meiner Rettungsringe. In der Natur lade ich meine Batterien wieder auf. Ich liebe es, in der Natur zu sein und auch alle ihre Jahreszeiten bewusst zu erleben. Ich bin sehr naturverbunden und suche immer wieder ihre Nähe. Wald, Wiesen, Tiere, die Schönheit der Blumen und die Urgewalt der Wetterphänomene schenken mir Kraft.

Wenn ich die im Herbstwind fliegenden Blätter beobachte, wie sie leicht und nahezu schwerelos durch die Luft segeln, kann ich regelrecht spüren, wie auch ich innerlich zu tanzen beginne.

Das Spiel der Blätter im Wind beschwingt mich, lädt mich mit Leichtigkeit auf, macht mich ausgeglichen und fröhlich.

Ebenso wie ein lauer Sommerregen ein erhitztes Gemüt abkühlen kann, uns erfrischt und wieder klar denken lässt. Oder wenn die stille Zeit beginnt, die Schneeflocken lautlos vom Himmel herabrieseln und zärtlich den Boden küssen – für mich strahlt der Anblick der weiß bestäubten Landschaft Ruhe und Erhabenheit aus. Ich spüre, dass der Schnee nicht nur die Natur, sondern auch mich selbst ruhiger macht.

So wie jeder Tag unseres Lebens anders ist, so gilt dies auch für die Natur. Kein Tag ist wie der andere und jeder Morgen ein Neuanfang. Die Natur bietet uns viele, viele Möglichkeiten, Kraft und Energie zu tanken: im Licht und der Wärme der Sonne, in den Farben und Formen der Landschaft. Es ist herrlich, durch die Felder zu laufen und Farben in sich aufzunehmen.

In der Natur entdecken wir uns selbst

Draußen im Freien begegnen wir der Urkraft und unseren Urinstinkten. Wir wecken und nutzen all unsere Sinne und Instinkte, wenden uns mit den Ohren, den Augen, unserem Geruchs- und Tastsinn dem Moment zu. In der Natur geht es um das Wesentliche: um unser Überleben. Und unsere Sinne sind genau darauf ausgerichtet und konzentriert – sie sind unsere Beziehungsbrücken und die Tore zu unserer Seele. Und die Natur ebnet diesen Pfad und ist unser Zugang. Wir sind im Hier und Jetzt, achtsam und hellwach, und wir kehren zu unseren Ursprüngen zurück.

Hier begegne ich auch meinem inneren Kind. Ich habe als Kind mehr in den Bäumen gesessen als auf dem Boden. Ich habe mich vollkommen beschützt und unsichtbar gefühlt: Von oben konnte ich den Gesprächen der Erwachsenen lauschen und herausfinden, was sie wirklich dachten. Viele Menschen führen Selbstgespräche. Damals bereitete es mir großes Vergnügen, sie zu irritieren, und ich machte mir einen Spaß daraus, indem ich Laute imitierte oder Worte flüsterte, und sie nicht wussten, woher diese Geräusche kamen. Wenn wir uns in der Natur aufhalten, uns in ihr bewegen und sie mit allen Sinnen erleben, dann erfahren wir die Schönheit der Schöpfung und des Lebens.

Die Natur ist meditativ

Achtsamkeit in der Natur ist eine bewusste Entscheidung. Bewegung in der Natur aktiviert meine Sinne, inspiriert mich, lässt mich wach und aufmerksam werden. Sind unsere Sinne offen und geschärft, sind auch wir selbst offen für Neues, können Eindrücke aufnehmen und in unserer Erinnerung abspeichern. Ich kann dann tief durchatmen, und viele sorgenvolle Gedanken relativieren sich binnen kürzester Zeit. Oft laufe ich mit meinem Fotoapparat durch die Natur und erhasche einen Sonnenstrahl, wie er durch das Laub der Blätter blitzt, oder ich mache ein Gänseblümchen zum „Star" meines Shootings. Ich unternehme ein Wettrennen mit den Wassertropfen und erfreue mich an der Farbenpracht der einzelnen Blüten eines Buschs. Ich bin dann ganz vom Zauber der Schöpfung gefangen und spüre eine tiefe Dankbarkeit dem Leben gegenüber. So fühlt sich das „Hier und Jetzt" an.
Wenn ich alleine in der Natur bin, kann ich mich voller Aufmerksamkeit den vielen Details um mich herum widmen: Ich nehme zum Beispiel wahr, wie vielfältig der Klang des Bachs ist – eine wahre Sinfonie aus Gluckern, Plätschern und Rauschen.

Nichts ist selbstverständlich, dieser Moment ist einzigartig und besonders. Auf diese Art und Weise schärfe ich meine Sinne und öffne andere Wahrnehmungskanäle. Das tut mir gut, verbindet mich mit meiner Mitte und lässt mich den Alltag gestärkt und gefestigt angehen. Durch die Verbindung mit unserer Kraftquelle Natur erfahren wir uns als Teil eines größeren Ganzen und erneuern unsere tiefe Beziehung zu ihr.

Die Urelemente als Kraftquellen: Wind, Wasser, Eis und Feuer

In der Natur begegnen wir den Urelementen Wind, Wasser, Feuer und Eis, die wir auch in unseren Emotionen wiederfinden: feurig, eiskalt, nah am Wasser gebaut oder aufbrausend. Man sagt doch auch: „Ich bin ganz durch den Wind", um sein inneres Aufgewühltsein zum Ausdruck zu bringen. Einerseits wirbelt der Wind alles auf und verbreitet Chaos. Andererseits birgt er auch die Chance zum Neubeginn: Er fegt all unsere Sorgen weg. Die frische Luft befreit uns von „Chaos" in unseren Gedanken, und die Stille nach dem Sturm lässt uns zur Ruhe kommen, Kraft tanken. Wind ist Luft und damit Sauerstoff, die Quelle unserer Atmung, die uns am Leben erhält.

Wasser ist eines meiner absoluten Lieblingselemente. Im Wasser zu floaten, vermittelt uns ein einzigartiges Gefühl von Schwerelosigkeit, Entspannung und gleichzeitig auch Geborgenheit. Es ist ein tief in uns verankertes Gefühl, das uns vertraut ist und das wir sehr gut kennen. Wir Menschen selbst bestehen bis zu 70 Prozent aus Wasser. Es ist unser Lebenselixier, wir brauchen es wie die Luft zum Atmen. Wasser ist Leben. Wenn ich an Wasser denke, habe ich sofort das Meer vor Augen – pure Energie.

Die Meeresbrandung schleudert winzige Wasserpartikel voller gesunder Salze und Mineralien in die Luft, die wir atmen. Demnach nährt uns ein Spaziergang am Strand, am besten barfuß, sowohl auf körperlicher wie auf geistiger Ebene. Die Weltmeere stehen für Weite, Urgewalt und Reinheit.

Wasser ist auch eine zwiespältige Kraft. Besonders deutlich wird das an der Schnittstelle auf der Wasseroberfläche, wo die Elemente Luft und Wasser ineinander übergehen. Der Anblick eines stillen Sees, auf dessen Oberfläche sich die Landschaft spiegelt, wirkt entspannend und beruhigend. Und gleichzeitig wissen wir, dass wir unter Wasser nicht atmen können und haben intuitiv Respekt vor diesem Urelement.

Ich kann mich noch genau an einen Spaziergang mit Pierre erinnern, als wir abends über den zugefrorenen Schliersee liefen. Es war eine fast heilige Stille, und wir horchten aufmerksam auf das Knacken und Glucksen unter der Eisfläche. Wir setzten jeden Schritt sehr bewusst und achtsam – die Zeit stand für uns still. Ich werde diese Geräusche, unseren Atem und die Atmosphäre nie vergessen.

Feuer ist der Gegenpol zum Wasser und ein ebenso wichtiges Element. Es ist die Initialzündung unserer menschlichen Entwicklung. Als der Mensch das Feuer entdeckte, eröffneten sich ihm lebenswichtige Möglichkeiten, nicht nur bei der Ernährung, sondern hinsichtlich Sesshaftigkeit und Abwehr von Gefahren. Feuer steht bis heute für Wärme, Licht, Geselligkeit, Gemütlichkeit, Geborgenheit und Schutz. Genau das fühlen wir, wenn wir am Lagerfeuer oder vor dem Kamin mit seinen knisternden Holzscheiten sitzen. Ich liebe den Blick in die Flammen. Mein Lieblingsritual in unseren Seminaren ist das Loslassen negativer Erinnerungen, indem wir diese auf kleine

Zettel schreiben und sie danach gemeinsam ins Feuer werfen. Die Natur und ihre Jahreszeiten erzählen uns viel, vom Wunder des Lebens, von Vergangenem und der Endlichkeit unseres Daseins. Für uns Menschen hat alles einen Anfang und ein Ende. Die Zeit selbst hört nie auf, zu sein. Frühling, Sommer, Herbst und Winter sind Stellvertreter unserer Lebenszeit, sie stehen für unsere Geburt, unser Heranwachsen, Reifen, Blühen und auch für unser Vergehen. Sie sind ein Abbild unseres Lebenslaufs, das uns an die Vergänglichkeit unserer eigenen Existenz erinnert und daran, alle Jahreszeiten anzunehmen und in unser Leben zu integrieren. Das Beste daraus zu machen und das Leben zu genießen. Die Glücksmomente im Hier und Jetzt zu sammeln und bewusst wahrzunehmen. Die Natur ist unsere Heimat und steckt voller Leben – selbst im Winter. Aus dem Fenster kann ich Eichhörnchen beim Klettern beobachten. Im Frühjahr blühen Krokusse zwischen den Gräsern und Steinen, und Schmetterlinge fliegen leicht und lebhaft von Blüte zu Blüte. Wenn der Kiesweg unter meinen Füßen knirscht, die Sonne zwischen den hohen alten Bäumen hervorspitzt, die Blumen bunt leuchten und die Tiere der Natur Leben einhauchen, dann kann ich in aller Seelenruhe meinen Gedanken nachhängen, mich den Fragen widmen, die mich gerade beschäftigen, und mich in mich kehren.

Besonders schön ist das auf dem Gipfel eines Bergs, der uns einen Rundblick eröffnet, Unendlichkeit ausstrahlt. Von hier oben betrachtet, scheinen das Treiben und die Hektik im Tal weit weg, manche Probleme relativieren sich mit jedem Höhenmeter und werden immer kleiner. Dieser Perspektivwechsel war schon oft hilfreich und ein Rettungsring für mich. Die gewaltige Natur, die seit Jahrmillionen besteht, wird uns überdauern. Wenn wir nicht mehr sind, wird sie noch immer da sein.

Vom Schlafen, Träumen und Meditieren

Ein wichtiger Rettungsring ist für mich das Schlafen – und das Träumen. Ich schlafe für mein Leben gerne! Zum Glück kann ich auch immer und überall schlafen. Das habe ich mir regelrecht antrainiert, denn die anstrengenden Reisen konnte und kann ich nur gut bewältigen, weil ich mich in einen schlafähnlichen Zustand begebe – wie unsere Katze. Ich bekomme irgendwie alles mit, bin aber trotzdem tiefenentspannt.

Ein Ayurveda-Arzt sagte einmal zu mir: „A good sleep is better than good food" – „Ein guter Schlaf ist besser als gutes Essen." Ich glaube nicht, dass er das nur mir zuliebe gesagt hat …
Bei all den Verpflichtungen, Herausforderungen und Dingen, die wir im täglichen Leben zu erledigen haben, sollten wir unbedingt auf regelmäßigen und ausreichenden Schlaf achten. Denn die innere Harmonie im Menschen stellt sich nur ein, wenn alle seelischen und körperlichen Funktionen im Gleichgewicht sind, und dabei spielt der Schlaf eine ganz entscheidende Rolle. Es heißt nicht von ungefähr, Schlaf sei wie Medizin. Wir Menschen brauchen den Schlaf wie die Luft zum Atmen. Schlafen ist unsere Auszeit, unsere körperliche und geistige Erholung und eine der wertvollsten Oasen der Entspannung, die es für uns gibt. Im Schlaf regenerieren wir uns von den täglichen Anstrengungen, und im Traum verarbeiten wir die Geschehnisse des Tages.

Ich habe noch niemanden gesehen oder getroffen, der nach einer durchfeierten Nacht am nächsten Tag leistungsfähig war und frisch aussah. Im Gegenteil: Nicht schlafen macht alt! Denn wenn wir die Nacht zum Tag machen, stört das unseren natürlichen Biorhythmus. Wir zünden sozusagen unser Lebenslicht an beiden Enden an, und darunter leiden unser Stoffwechsel, unsere Gesundheit und unser Wohlbefinden. Wir sind gereizt, weniger belastbar und wirken gestresst auf andere. Wenn ich bei unseren Seminaren sehr viel unterwegs bin, ist das Schlafen mein absoluter Rettungsring und meine Energie-Tankstelle.

Visionen, Träume, Heilräume …

Außerdem nutze ich die Einschlaf- und die Aufwachphase, um mich ganz aktiv in meine Vision hineinzuträumen. Ich genieße es, meine Wunschbilder zu formen und regelrecht mit ihnen herumzuspielen. Vor meinem geistigen Auge plane ich, spreche mit Menschen, überlege Strategien, träume in meine Ziele hinein und spüre, wie sie Form annehmen. Mir fallen in diesen Zeiten die besten Lösungen ein, weil mein Geist noch frisch ist. Ich liebe es, zu träumen und meine Träume zu deuten. Morgens nach dem Aufwachen schreibe ich sie mir manchmal auf und lese die Notizen immer wieder. Am Abend, während der Einschlafphase, sortiere ich das Erlebte noch einmal, gehe in den inneren Dialog mit mir und nehme mir Veränderungen vor, die ich am nächsten Tag umsetzen möchte.

Ich schaue schon seit vielen Jahren abends kaum mehr Fernsehen – manchmal einen schönen Film mit Pierre, aber nichts, was mich aufregen oder meinen Geist mit Schreckensbildern „imprägnieren" könnte. Schlafforscher haben festgestellt, dass das Gedächtnis während der Nacht gebildet wird. Somit wirken Aufnahmen, Ereignisse oder Informationen noch größer und bedrohlicher, als sie es von sich aus schon sind. Deswegen sind

Horrorfilme oder Nachrichten – die mittlerweile auch schon wie Horrorfilme anmuten – keine gute Einschlafhilfe. Viel besser ist es, die gesparte Zeit und Energie für sich selbst zu nutzen, um sein Leben bewusst zu gestalten.

Träume deuten

Von der Antike bis in unsere jüngste Geschichte hinein haben Träume die Welt verändert. Die Grenze zwischen Traum, Wachtraum und Vision verschwimmt. Hildegard von Bingen, Johanna von Orleans, der römische Kaiser Marc Aurel – die Liste ist lang – hatten Vorahnungen, prophetische Träume, Wachträume, Visionen und „Gesichte". Sie fielen in eine Art schlafähnliche Trance und hatten Zugang zu Ebenen, die ihnen „bedeuteten", was der wichtige nächste Schritt in die gewünschte Richtung sein sollte. Solche Träume wurden als Gaben der Götter angesehen.

In unserer Gesellschaft werden Träume und ihre Symbolkraft oft mit „Träume sind Schäume" abgetan. Dabei versuchen Tiefenpsychologen und andere Wissenschaftler seit Jahren, in modernen Schlaflaboren das Rätsel des Träumens zu entschlüsseln. Dankenswerterweise haben sie uns den Glauben an die Kraft und die Bedeutung der Träume wiedergegeben. Unser Unterbewusstsein verarbeitet darin Tageserlebnisse; auch Gelerntes wird während der Traumphasen im Gehirn eingelagert. Bedeutende Persönlichkeiten, wie zum Beispiel Albert Einstein, schrieben in ihren Biografien, ihr Werk sei durch einen Traum inspiriert worden. Einstein zum Beispiel träumte, dass er mit einem Schlitten einen Abhang hinunterraste und immer schneller und schneller wurde, bis er Lichtgeschwindigkeit erreichte.

Dann sah er, wie sich das Licht über ihm in allen Spektralfarben brach. Wie gut für uns, dass er seinem Traum folgte und weiterforschte!

Wir sollten wieder träumen lernen!

Visionen sind kreativ, schöpferisch und motivieren uns, unsere Wahrnehmung zu verändern, um Lösungen zu finden. Ich nutze diese Kraft ganz aktiv ohne die Aufstellung meiner inneren Bilderwelten sähe meine äußere Welt nicht so aus. Wir sind die Schöpfer unserer Wirklichkeit – aber womit beginnt die Planung meiner Welt? Mit meinen Gedanken.

Ohne den Traum vom Fliegen wäre niemals ein Flugzeug gebaut worden, ohne den Traum, unter Wasser atmen zu können, gäbe es keine Tiefseetaucher.

Diese Träume sind dringende Wünsche nach Ausweitung, Weiterentwicklung und Erkenntnissen. Unsere Evolution kann sich deshalb so schnell vollziehen, weil es starke Persönlichkeiten gibt, die an ihre Träume glauben und nicht eher ruhen, als bis sie sie verwirklicht haben.

Was für einen Traum hast du? Was willst du in deinem Leben noch verwirklichen? Es ist nie zu spät!

Bei diesem Thema muss ich immer an meinen Vater denken, der als Solo-Hornist erfolgreich in und mit verschiedenen Orchestern auf der ganzen Welt spielte. Seit seinem sechzehnten Lebensjahr war er Musiker. Ich wurde in Konzertsälen und Aufnahmestudios groß. Eines Tages, da war er schon 68 Jahre alt, rief er mich an und fragte mich, was ich denn am 3. Juni vorhätte, ob ich Zeit hätte, zu kommen. Ich fragte ihn: „Wohin und wofür?" Er sagte, da würde er seine Graduation feiern – als Rechtsanwalt! Ich war sprachlos. Mein Vater hatte jahrelang – heimlich – Jura studiert, ohne es mir zu sagen und wollte mich natürlich in der Stunde seines Triumphs dabeihaben. Die Feier war für uns alle sehr berührend: Zum einen, weil mein Vater zwischen all den frischgebackenen jungen Juristen ziemlich auffiel, zum anderen, weil sein größter Traum in Erfüllung gegangen war.

Ich fragte ihn, was ihn denn dazu motiviert habe, in seinem Alter noch diese Strapazen auf sich zu nehmen. Er antwortete: „Weißt du, schon als junger Mann habe ich die gebildeten Jurastudenten bewundert. Ich wollte einer von ihnen sein."

Ich erzähle die Geschichte von meinem Vater immer dann, wenn ich jemanden sagen höre: „Dazu bin ich schon zu alt." Um seinen Traum zu leben, ist man nie zu alt! Vielleicht kann man karriere- oder sportmäßig nicht mehr mithalten, aber darum geht es auch gar nicht. Er geht um die tiefe Freude darüber, dass man sich selbst seinen Traum erfüllt hat.

Neben dem Träumen und Visualisieren gibt es noch eine andere sehr effektive Methode, mit seinem Innersten in Kontakt zu treten: die Meditation.

Meditation als Rettungsring

Als ich zum ersten Mal vom Meditieren hörte, dachte ich, dabei müsste man stundenlang im Schneidersitz gerade auf dem Boden sitzen und die Augen geschlossen halten. Dieses Vorurteil in mir hielt sich recht lange, weil die Meditation in der Öffentlichkeit ja auch meistens auf Fotos von Menschen in

Buddha-Haltung und Schneidersitz dargestellt wird. Das hielt mich sehr lange Zeit davon ab, es selbst einmal auszuprobieren. Auch deswegen, weil mir in dieser Sitzposition und Körperhaltung binnen kürzester Zeit der Rücken und die Knie weh taten und es dann vorbei war mit der meditativen Stimmung. Hinzu kam noch, dass ich glaubte, man dürfte dabei nicht denken, und das irritierte mich so sehr, dass ich mich völlig verkrampfte. Immer wenn ich dasaß, überschwemmte mich eine Sturmflut von Gedanken. Wie sollte ich mich da entspannen können? Die tausend unerledigten Dinge, die mir durch den Kopf gingen, hinderten mich am Loslassen. Ich habe es also nie länger als zehn Minuten ausgehalten, bin gleich aufgesprungen und habe weitergearbeitet wie eine Getriebene …

Bis zu dem Tag, als ich die Variante im Liegen für mich entdeckte! Dabei konnte ich so gut entspannen, dass ich regelmäßig erfolgreich tief und fest einschlief. Weil ich dabei meist sehr intensiv träumte, kam mir diese Variante ausgesprochen entgegen. Ich liebe es, zu träumen und meine Träume zu deuten.

Inzwischen meditiere ich übrigens sitzend, den Rücken an die Wand gelehnt, mit lang ausgestreckten Beinen und geschlossenen Augen. Die aufkommenden Gedanken lasse ich los und vorbeiziehen. Ich bewerte sie nicht. Ich atmete ganz tief und ruhig in meinen Bauch hinein, allein das entspannt mich ungemein. Dieses meditative Atmen ist mir oft ein Rettungsring, der mir im Alltag eine kleine Auszeit verschafft. Manchmal, wenn es gerade besonders stressig ist, klinke ich mich bewusst aus und mache zehn tiefe Atemzüge in den Unterbauch. Das beruhigt mich und bringt mich mit mir selbst in Einklang. Ich kann dann wieder wesentlich klarere Gedanken fassen, auch viel entspannter an Schwierigkeiten herangehen und Lösungen herbeiführen. Diese Kurzform der Versenkung nutze ich immer mal wieder, wenn mich eine Problematik gefangen hält und ich die Lösung in der Ruhe finden möchte, statt im Eifer des Gefechts. Emotionen sind selten gute Ratgeber bei Entscheidungen. Dafür sollte man sich lieber in die Stille zurückziehen und die Antwort in sich selbst suchen. Es gibt viele Arten des „In-sein-Inneres-Hineinhörens": Manche meditieren beim Joggen, andere finden spazieren gehen meditativ, und eine meiner Freundinnen meditiert beim Geschirrspülen.

Finde deine eigene Form und nutze täglich zehn Minuten einer solchen Versenkung als Rettungsring, Ruhepol und Krafttankstelle zur Bewältigung deines Alltags.

Spring immer wieder zurück ins Leben!

Seien wir doch mal ehrlich …

… Wie sieht denn so ein Tag oftmals aus?

Wir stehen auf, putzen uns die Zähne, ziehen uns in einer bestimmten Reihenfolge an, frühstücken stets die eine Müslisorte, fahren immer auf unserer Stammstrecke zur Arbeit, stehen müde und genervt im Stau, benutzen täglich ein und denselben Aufzug mit Menschen darin, die wir nicht kennen, sitzen den ganzen Vormittag an einem Schreibtisch, essen in der Kantine Dinge, die das Wort „Essen" gar nicht verdienen, hocken danach den restlichen Nachmittag am Schreibtisch, fahren zurück nach Hause, wieder halb im Stau, kaufen stets in demselben Supermarkt ein, meist ohne jede Phantasie, weil wir ja doch immer nur gewisse Produkte kaufen, nehmen die Post aus dem Briefkasten, werfen die Stapel von Werbung in den Mülleimer, schließen die Haustür auf, stellen den Einkauf ab, sind müde und erschöpft, essen so nebenbei, schauen Fernsehen oder chatten im Internet mit sogenannten Freunden, putzen uns die Zähne, trinken manchmal zu viel und fallen müde ins Bett.

Macht so ein Leben Spaß? Wir denken nicht darüber nach. Wir wollen nicht darüber nachdenken, denn die Antwort würde uns nicht gefallen. Natürlich macht uns so ein Leben keine große Freude.

Natürlich schläft bei so einem Leben auch das Interesse an unserer Partnerschaft – wenn wir denn eine haben – mit der Zeit vollständig ein. Denn auch dort hat sich bequeme Routine breitgemacht.

Wir sitzen stets auf den gewohnten Plätzen, am Tisch, auf dem Sofa, tragen die ewig gleichen Klamotten, unterhalten uns stets über ähnliche Dinge und kennen auch beim Sex jeden Handgriff – und den genauen Ablauf.

Natürlich schläft da das Interesse an unserer Partnerschaft so langsam, aber sicher ein. Natürlich. Was sollte denn auch unser Interesse wecken?

Das muss nicht so sein!

Denn es gibt auch hier einen Rettungsring. So ein Rettungsring soll ja unser Leben retten, wenn wir zu ertrinken drohen. Manchmal ertrinken wir in Langeweile und der stetigen Wiederholbarkeit unserer Handlungen. In der Eintönigkeit des Alltags und der Routine. Und zwischen banalen Tätigkeiten wie Abspülen, Müll trennen oder Wäsche aufhängen.

So ein Rettungsring kann hier wahre Wunder bewirken. Aber wie immer im Leben: Der Rettungsring muss auch geworfen werden. Und zwar von uns selbst. Wenn wir ihn nicht werfen, wirft ihn niemand.

Ohne diesen Rettungsring haben wir nichts, woran wir uns festhalten und uns selbst aus den Fluten der Tristesse herausholen können. Dabei ist es so einfach! Mach doch einmal alles anders als gewohnt. Überrasche dich selbst. Fahre einen anderen Weg zur Arbeit, kaufe woanders ein, verabrede dich mit deinem Partner im Café, mach Picknick unter einem Baum, mach eine Stadtrundfahrt in deiner Stadt, die du angeblich so gut kennst …

Das Leben ist so spannend und hat so viel Unbekanntes zu bieten. Zieh dich schick an und geh aus, oder zieh dich aus und geh nachts nackt im See schwimmen.

Betrachte das Leben mit neuen Augen. Mit einem zwinkernden. Sei erstaunt. Sei neugierig. Entdecke das Abenteuer.

Was macht das Leben aus?

Veränderung. Wandel. Transformation. Wenn wir aber diesen Wandel nicht zulassen, wenn wir keine neuen Türen öffnen, bleiben wir immer in den gleichen Räumen stecken.

Spring wieder hinein in das Leben. Spring hinein in deine neue Lebendigkeit. Nimm deinen Partner mit. Nimm deine Kinder mit. Nimm deine Freunde mit. Nimm vor allem dich selber mit. Welche Ideen würden dich selbst überraschen? Welche Ideen lassen dich lächeln? Was begeistert dich? Wie wird dir warm ums Herz? Wann steht die Zeit still?

Lebe. Lebe. Lebe. Wenn du lächelst, lächelt auch dein Umfeld. Zeige deinen Freunden, deiner Familie, deinen Liebsten, dass du am Leben teilnimmst. Zeige allen anderen, dass es eine Bereicherung ist, dich in der Nähe zu haben. Warum? Weil du lebst. Und Lebendigkeit so ansteckend ist.

Hätte Michaela nicht immer wieder so neue, ungewohnte Ideen, wäre unser Sofa bestimmt viel durchgesessener. Und würde ich nicht immer wieder neue, andere Wege für uns suchen, wäre unsere Partnerschaft nach 20 Jahren nicht mehr so lebendig.

Und immer wenn wir merken, dass uns die Routine gerade einholt, dann los, los, los, raus aus der Routine, was können wir anders machen, was wartet Verrücktes auf uns?

Leben heißt, sich immer wieder neu verlieben – in die wundervolle Kraft der Lebendigkeit. Das Leben hat mehr zu bieten als deine Fernsteuerung. Was könntest du Verrücktes tun? Normal warst du lang genug. Jetzt aber los, los, los!

Sei spontan!

Erwecke dein inneres Kind zum Leben! Sei kindisch, übermütig, enthusiastisch und neugierig! Als wir noch Kinder waren, da war das Leben voller Überraschungen, voller Wunder, und in jedem Tag steckten viele „erste Male" für uns. Wir machten alles zum ersten Mal – jeden Schritt, jedes Wort, jedes Erlebnis, jede Mahlzeit erlebten wir im Zuge unserer Entwicklung das allererste Mal und speicherten es tief in uns ab. Wir blickten staunend in eine bunte, schillernde Welt und versuchten sie zu „begreifen". Alles war neu, spannend und aufregend. Als Erwachsene verlieren wir leider diese Fähigkeit, offen und neugierig zu sein. Wir sind durch viele emotionale Höhen und Tiefen gegangen und vermeiden spontane Situationen sogar – aus Angst vor Strafe. Wir wurden zu „normalen" Menschen erzogen, die nicht auffallen, den gesellschaftlichen Normen gut angepasst sind und somit überleben können.

Was zur Folge hat, dass uns die Inspiration fehlt. Nun sind der spontane Moment, die Freude und das Lachen aber die Quelle unserer Motivation. Die Ursache unserer Lebensfreude. Wenn man uns die nimmt, dann wird um uns herum alles grau und langweilig. Wir brauchen diese aufregenden „ersten Male", diese Begeisterung für den Moment, diesen spielerischen Übermut!

Da wir tief in uns das Bedürfnis tragen, uns immer weiterzuentwickeln, ist es für unser emotionales Gleichgewicht und unser seelisches Wohlbefinden immens wichtig, unseren Geist mit neuen Erlebnissen zu füttern. Das, was wir intuitiv wissen, wird von den Neurobiologen seit Jahren erforscht. Dabei wurde festgestellt, dass sich die Neuronen im Gehirn nur dann richtig verknüpfen und stabile „Verschaltungen" ausbilden, wenn wir etwas lernen, was wir für wichtig erachten. Und wichtig für uns ist das, wofür wir uns interessieren und begeistern. Diese Erfahrung kennst du sicher: Sobald du Begeisterung für etwas empfindest, dann schmiedest du Pläne und entwickelst eine Strategie, um an dein Ziel zu gelangen. Und du bist überglücklich, wenn du deinen Traum verwirklicht hast – bis zum nächsten Wunsch … Denn ja, es geht immer weiter! Begeisterung ist mein Rettungsring im Leben – meine Motivation, immer weiter zu lernen, zu wachsen und mich weiterzuentwickeln.

Wofür begeisterst du dich?

Um herauszufinden, wofür du dich begeisterst, beantworte doch folgende Fragen und schreibe deine Antworten auf:

Was ist wirklich wichtig für dich?
Wann hast du das letzte Mal Gänsehaut gehabt?
Was wolltest du als Kind werden?
Was hast du als Kind am liebsten gespielt?
Was war dein Lieblingsmärchen – und warum?
Hast du als Kind gerne gesungen, getanzt, Uhren zerlegt?
Hast du Hobbys – wenn ja, welche?
Wann bist du das letzte Mal „aus der Reihe getanzt"?
Wann warst du das letzte Mal spontan?

Um die Begeisterung in dir zu erwecken, könntest du Dinge tun, die du nie zuvor getan hast. Lass deiner Phantasie freien Lauf und mach eine Liste mit Dingen, die du noch erleben möchtest – und zwar so bald wie möglich. Bist du schon einmal Heißluftballon geflogen? Hast du alle exotischen Früchte probiert, die es auf dem Wochenmarkt gibt? Mach im Passbildautomaten Spaßfotos mit deinen Lieben. Spiel in der Fußgängerzone Gitarre. Verkaufe Dinge, die du nicht mehr brauchst, auf dem Flohmarkt und spende das Geld. Oder investiere es in dich und mach einen Tanz- oder Malkurs.

Was immer dir einfällt, tu es!

Das innere Kind zum Leben erwecken

Überschreite deine „Ich-trau-mich-nicht-Grenze"! Diese Grenze ist uns anerzogen, denn früher als Kinder haben wir uns sehr vieles getraut. Ich kann mich noch erinnern, dass ich auf dem Spielplatz die wildeste Schauklerin war und am höchsten Punkt von der Schaukel abgesprungen bin – was für ein Glücksgefühl ich hatte, so hoch durch die Luft zu fliegen …

Erwecke das magische Kind in dir! Finde heraus, worauf du noch *neugierig* bist. Sei wieder gierig auf das Leben, das Neue, das Unerwartete! Sei mutig und überrasche dich selbst! Wenn nicht jetzt, wann dann? Aussteigen aus der Routinefalle, das ist der beste Rettungsring gegen Monotonie, Langeweile und Frust im Alltag! Es ist die *Routine,* die uns stresst, nicht das Neue! Routine lässt uns emotional und geistig verkümmern, bis wir kraftlos sind und die Sinnhaftigkeit unseres Lebens nicht mehr spüren.

Du kannst dich jeden Augenblick dazu entschließen, dein Leben zu verändern, alte Gewohnheiten Schritt für Schritt abzulegen – und dein Potenzial zu entdecken und es zu entfalten. Schau dich an, betrachte deine Wünsche und Sehnsüchte, dann weißt du, was dich motiviert – oder demotiviert. Entscheide dich, wach zu sein und deine Kreativität zu bejahen. Mein Rettungsring-Zitat in diesem Falle ist: *Such nicht nach dem Sinn des Lebens, gib ihm einen!*

Umarmen und hingeben

Wenn Pierre mich in den Arm nimmt, bleibt für mich die Zeit stehen. Dann spüre ich die tiefe Verbundenheit zwischen uns. Für das, was ich in solchen Momenten empfinde, habe ich in all den Jahren nur das eine Wort gefunden: Hingabe. Das ist ein beinahe altmodisches Wort. Sich hinzugeben an einen Moment, einen Menschen, an ein höheres Selbst birgt eine tiefe Konsequenz in sich. Sich wahrhaftig zu zeigen, so wie man ist, ohne Wenn und Aber, löst bei den meisten Menschen – gelinde gesagt – leise Panik aus. So anfangs auch bei mir …

Ich dachte, wenn ich mich einem Menschen hingebe, dann gibt es mich nicht mehr, ich verliere mich, der andere kann mit mir machen, was er will, und ich werde danach liegen gelassen – am Boden zerstört. Ich hatte panische Angst, die Kontrolle zu verlieren und gefühlsmäßig in tausend Teile gerissen zu werden.

Ich dachte, ich müsste an mir arbeiten, ich sei unzulänglich, könnte nicht lieben und müsste ganz starke Anstrengungen unternehmen, um es wert zu sein, dass mich jemand so liebt, wie ich bin. Ich hatte noch nicht einmal das Gefühl, zu wissen, wie man liebt und was Liebe überhaupt ist – und dann kam noch die größere Herausforderung auf mich zu: die Hingabe.

Hingabe hat mit „Selbst-Aufgabe" nichts zu tun. Hingabe ist ein bewusstes Geschenk. Als ich lernte, mich selbst immer besser zu verstehen, wurde mir bewusst, dass Hingabe selbstlose Liebe bedeutet. Jemanden so zu lieben, dass die eigenen Bedürfnisse unwichtig sind, dass die Ziele des anderen über den eigenen Zielen stehen – und durch diese vollkommene Hingabe auch die eigenen Ziele zu erreichen, weil man sich auf diese Weise der eigenen Entwicklung ebenso hingibt: Denn der andere, das bin ich, und der andere ist ich. Die Auflösung der Dualität in die Einheit wie Yin&Yang. In einer Beziehung ist man gleichzeitig das Licht und der Schatten – jeder spiegelt die Licht- und Schattenseiten des anderen wider. Das tut manchmal weh. Wir wollen es nicht wahrhaben, kämpfen sinnlose Kämpfe und wollen dabei doch eigentlich nichts anderes, als geliebt zu werden. Wir kämpfen, weil wir uns gegen die Hingabe wehren und wissen doch, dass wir uns selbst durch den anderen hingeben. Die eigene Entwicklung kann nur in Gang gebracht werden, man kann nur über sich selbst hinauswachsen, wenn man sich ein Stück weit aus der bequemen Selbstschutz-Zone hinausbewegt.

Wir lernen durch Beziehungen. Und nur durch Beziehungen können wir den Schmerz über das Getrenntsein auflösen. Wir glauben, dass wir von allem und jedem getrennt wären, dass keiner uns lieben oder verstehen würde. Wir suchen das ganze Leben lang nach dem Menschen, der uns „vollständig" macht. Wir sind auf der Suche nach der perfekten Entsprechung unseres Selbst. Dabei kann der andere uns nichts anderes wiedergeben, als das, was bereits in uns liegt. Wenn eine Beziehung lebendig und inspirierend bleiben soll, darf man es sich nicht auf Kosten des anderen gemütlich machen. Der Partner ist nicht dazu da, dass es einem selbst besser geht. Wenn wir offen und bereit sind für eine liebevolle Partnerschaft, dann entsteht aus dieser einzigartigen Verbindung etwas Neues, das auf das ganze Umfeld ausstrahlt. Unsere Partnerschaft wirkt dann auch inspirierend auf andere Menschen.

Wenn ich Paare beobachte, fällt mir oft auf, dass jeder seinem eigenen Job nachgeht und die gemeinsame Aufgabe, das Besondere, das nur dieses Paar in dieser bestimmten Kombination verbindet und ausleben kann, brachliegt. Das Potenzial der Beziehung wird nicht erkannt. Oft besteht die gemeinsame Aufgabe darin, Kinder großzuziehen. Nur, wenn die Kinder dann aus dem Haus sind, ist diese gemeinsame Aufgabe beendet. Und was dann?

Es scheint, als einigten sie sich auf den kleinsten gemeinsamen Nenner und bewegten sich nicht weiter. Sie unterdrücken ihre eigene Entwicklung und bremsen dadurch auch den Partner in seiner Entwicklung. Übrig bleibt eine wenig lebendige Beziehung. Dabei gibt es noch so viel zu entdecken und auszuleben! Um die Liebe lebendig zu halten, ist es wesentlich, sich seiner selbst bewusst zu sein. Um zu wissen, was Partnerschaft, Ehe, Liebesbeziehung überhaupt für dich bedeuten, solltest du in deine Kindheit blicken. Schau dir die Ehe deiner Eltern an … Wie wurde dein Begriff „Ehe" frühkindlich geprägt? Was haben Mutter und Vater dir vermittelt über Liebe, Partnerschaft, das Zusammenleben und das Elternsein? Vergleiche dazu deine Gedanken und Erinnerungen mit deiner jetzigen Beziehung. Kommt dir da einiges bekannt vor? Klar! Wir leben erst einmal die Beziehungsfähigkeit – oder Beziehungsunfähigkeit – unserer Eltern nach. Wir tragen das, was wir kennen (unbewusst) in unsere Jetzt-Beziehung hinein. Sich ein wenig damit zu beschäftigen, kann sehr erkenntnisreich sein. Wenn die Liebe zwischen unseren Eltern mit Kontrolle und Besitz oder Selbstaufgabe zu tun hatte, dann kontrollieren auch wir unseren jetzigen Partner, sehen in ihm unseren Besitz, oder wir dominieren ihn. Wahre Liebe ist, miteinander zu wachsen und sich gegenseitig in der Entwicklung zu fördern. Liebe, Hingabe und Verbundenheit in einer Umarmung zu spüren, das ist für mich der kostbarste Moment, das ist mein Rettungsring.

Frauen lieben es, in den Arm genommen zu werden

… Männer weniger. Sie kommen dabei so gerne auf dumme Gedanken.

Der große Vorteil! So alle zehn Mal – im Schnitt, bitte nicht nachrechnen, das ist rein subjektiv geschätzt – kommt meine Süße auch auf dumme Gedanken. Aber hier gleich eine große, deutliche Warnung: Das sollte auf keinen Fall der Antrieb für uns sein! Frauen spüren und durchschauen so etwas tendenziell Archaisches. So gut wir dieses Vorhaben auch zu verstecken versuchen.

Frauen wollen aus einem ganz anderen Grund umarmt werden. So auch Michaela. Michaela liebt es, in den Arm genommen zu werden. Das schenkt ihr ein Gefühl von Geborgenheit und Nähe. In meinem Arm fühlt sie sich sicher und zu Hause. (Das sagt sie jedenfalls.)
Für sie bedeutet Umarmen, sich fallenzulassen. Alles ist gut. All die Turbulenzen des Tages verschwinden. Schweigend. In der Umarmung. Nicht mehr denken. Einfach nur noch sein.

Frauen empfinden bei einer Umarmung unglaublich viel. Für sie verbergen sich dahinter Worte wie: „Ich lege meine Arme um dich, weil ich deine Nähe wieder spüren möchte. Deine wundervolle Liebe. Nur du kannst dieses Gefühl in mir auslösen. Wir sind eins. Wir gehören zusammen. Ich passe auf dich auf. Ich begleite dich. Ich bin bei dir. Ich bin da. Heute, morgen und auch in zehn Jahren noch. Und: Ich verstehe dich!"

(Das bringt kein Mann allein mit Worten zustande – eine Frau wissen zu lassen, dass man sie in der Tiefe ihres Wesens versteht!) Eine Umarmung jedoch schenkt einer Frau dieses Gefühl. Wichtig ist nur, zu schweigen. Nicht mehr zu reden. Alles ist gesagt. Wie beruhigt man Babys? Man nimmt sie in den Arm. Alles ist gut. Genauso verhält es sich mit Frauen. In der englischen Sprache wird das ganz deutlich, da nennt man Frauen auch gerne *Baby*.

Füreinander da sein

Also, wenn man als Mann mal Mist gebaut hat, wenn es im Gebälk knistert, wenn man sich allein fühlt, wenn man wieder Nähe zulassen, wenn man sich wieder zugehörig fühlen möchte, einfach in den Arm nehmen. Und dann nur noch die Stille genießen. Eine Stille, die verbindet. Denn eine Umarmung schenkt uns die herrlichsten Gefühle. Ein tief emotionales Empfinden.

Manchmal nehme ich Michaela einfach so in den Arm. Nicht etwa, weil sie es braucht. Nein! Ich! Ich bin es. Ich liebe diese kurze stille Aussage: Ich bin da. Bin da für dich.

Das Foto am Anfang dieses Kapitels entstand zwischendrin, sozusagen als Schnappschuss, beim Shooting für dieses Buch, als wir uns unbeobachtet fühlten. Wir waren müde. Es war ein heißer Sommertag. Wir waren geschafft. Aber alles war gut. In diesem Moment.

Auch nach zwanzig Jahren, ob auf dem Sofa, in der Küche oder beim Betrachten eines Sonnenuntergangs. Immer entsteht etwas zwischen uns. Kein kluger Satz der Welt könnte diese Gefühle in uns wecken. Diese leisen, stillen Gefühle der Liebe. In dieser beredten Stille, die mehr sagt als tausend Worte.

Wir Männer suchen gerne nach schnellen Lösungen. Wenn unsere Süße traurig ist, wenn sie grübelt, wenn sie Fragezeichen in ihrer Seele mit sich herumträgt, wenn ihr Dummes passiert ist, wenn sie selbst nicht weiß, warum sie so launisch ist. Dann argumentieren wir Männer gerne und brillieren mit Worthülsen und mit rationalen Lösungsmustern.

Ja, wahrscheinlich sind wir darin fantastisch. Aber nicht für eine Frau. Männer würden uns verstehen, mit uns lachen, uns auf die Schulter klopfen und mit uns einen saufen gehen. Männer, aber nicht Frauen. Frauen erfahren sich selbst, das Leben und uns Männer emotional.

Die schnellste und wirksamste Lösung ist daher oftmals, sich einfach in den Arm zu nehmen. Ich weiß schon. Wenn man länger mit einem Menschen sein Leben teilt, vergisst man gerne, sich auch immer wieder einmal einfach so in den Arm zu nehmen.

Wie jedes Paar haben auch wir zwischendurch immer wieder einmal vergessen, uns einfach nur zu umarmen. Kein Wunder. Der Stress. Der Alltag. Die Arbeit. Das Kind. Gründe gibt es Tausende. Und ja, der Alltag wurde zu Stress. Bei wem nicht? Die Arbeit nahm zu. Die Zeit für sich selbst und die Partnerschaft wurde immer knapper. Man könnte auch sagen: weniger lebenswert. Seit ich meine Liebste wieder in den Arm nehme, umarmt mich nicht nur Michaela, sondern auch das Leben.

Unser Rettungsring? Immer wenn Worte – wie die nachfolgenden – die Führung übernehmen, wird es Zeit, sich wieder mal in den Arm zunehmen. Bei Sätzen wie: „Du hast ..." oder „Du bist ..." oder „Du. Du. Duuuu!!" – nimm deine Liebste einfach in den Arm. Denn wem nutzen diese „Du hast, du bist ..."?

Nach 20 Jahren Ehe habe ich gelernt (lernen *dürfen!*), dass Sätze mit Du-Botschaften immer nur die einsamen Fernsehabende verlängern. Auch wenn man selber recht hat. Das gleiche glaubt nämlich die Süße meistens auch.

Einfach in den Arm nehmen. Besser früher als später. Auf jeden Fall immer dann, sobald man merkt, dass sich im Kopf gerade solche merkwürdigen Sätze zu formulieren beginnen. Einfach in den Arm nehmen. Ohne gleich immer auf dumme Gedanken zu kommen.

Na gut, das ist schwierig, die Gedanken kommen sowieso. Weil sich die Süße einfach so wundervoll anfühlt. Weil sie so wohlig warm ist, verführerisch duftet und einen so herrlich zurückumarmen kann. Und: Weil Michaela – im Schnitt, jetzt bitte nicht nachrechnen, das ist wie gesagt rein subjektiv geschätzt – jedes zehnte Mal auch auf dumme Gedanken kommt! Wenn das kein Grund ist, sich öfter zu umarmen?!

131

Verändere deine alten Überzeugungen

Nicht immer hatten wir eine Kindheit, die wundervoll war. So mancher von uns trägt heute noch vieles aus seiner Vergangenheit mit sich herum. Oftmals ist es uns gar nicht bewusst, dass wir stärker mit unserer Vergangenheit verbunden sind, als wir ahnen und wahrhaben wollen.

Die Prägung der Kindheit zeigt sich im Erwachsenenalter oft auf ganz unterschiedliche Weise: Manchmal haben wir Angst vor Nähe oder lassen uns nicht wirklich auf eine Beziehung ein. Dann erleben wir vielleicht ganz viele verschiedene Partnerschaften, aber es gelingt uns nicht, die eine große, alles erfüllende Partnerschaft zu leben. Oder wir verstehen nicht, warum wir weniger Erfolg haben als andere. Es kann auch sein, dass wir uns einsam und alleine fühlen. Oder wir immer wieder von Freunden enttäuscht, verlassen oder gar hintergangen werden. Wir zweifeln dann manchmal am Leben und verstehen nicht, warum es anderen wesentlich besser geht als uns. Dann hadern wir gerne mit unserem „Schicksal": Warum haben andere es einfacher? Warum sind andere glücklicher?

Um es gleich vorwegzunehmen: Andere haben es nicht besser als wir selbst. Und sie sind auch nicht glücklicher. Sie haben einfach nur *andere* Probleme als wir, die für uns nicht immer sichtbar sind.

Aber zurück zu uns selbst. Die Hirnforschung hat herausgefunden, dass alles, was wir wahrnehmen und erleben, durch unsere Überzeugungen geprägt ist. In unserem Leben strebt stets das nach Verwirklichung, wovon wir überzeugt sind. Nicht immer verwirklichen sich dabei angenehme Dinge, vielmehr sind es all diejenigen, an denen wir festhalten. Solange wir also der Überzeugung sind, wir seien nicht gut genug, untalentiert, hässlich, erfolglos oder nicht liebenswert, so werden wir auch genau das in unserem Leben erfahren. Sind wir hingegen fest davon überzeugt, bereits erfolgreich und sehr glücklich zu sein, so zeigt sich das auch im Außen, und wir erleben eine Bestätigung dieser Überzeugungen in der Realität. Gleichgültig, ob es für uns angenehm ist oder wir sie im Grunde ablehnen, *suchen* wir stets eine Bestätigung – sowohl für unsere positiven, als leider auch für unsere negativen Überzeugungen.

Wenn wir oft am Leben zweifeln oder an der Gerechtigkeit oder wir das Gefühl haben, dass uns immer und immer wieder im Leben das gleiche Negative geschieht, dann befinden wir uns – meist ohne uns dessen bewusst zu sein – in einer Schleife von negativen Überzeugungen, die in unserer Vergangenheit entstanden sind.

Der Ursprung unserer Überzeugungen

Aber wo kommen denn nun diese Überzeugungen her? Vor allem all diejenigen, die wir eigentlich gar nicht wollen?
Sie haben sich in unserer Kindheit gebildet – aus der Summe der Erlebnisse mit unseren Eltern, Großeltern, Lehrern, Familienangehörigen und anderen Bezugspersonen.

Das ist ziemlich gut nachvollziehbar: Wir wollten geliebt werden. Als Kind waren wir sogar regelrecht darauf angewiesen, geliebt zu werden. Wurden wir damals nicht angenommen, akzeptiert oder (an)erkannt, glaubten wir Gefahr zu laufen, aus dem Familienverband verstoßen werden zu können. Wenn wir also das Gefühl hatten, nicht geliebt zu werden, war es für uns als Kind gefährlich. Denn wenn wir nicht in der Familie hätten verbleiben dürfen, so wären wir alleine nicht überlebensfähig gewesen.

Aus diesem Grund macht ein Kind alles, um die Liebe der Eltern oder Erziehungsberechtigten zu erhalten. Heute weiß man, dass ein Kind sogar seinen wahren Charakter verlässt und zu der Person wird, die von ihm erwartet wird. Auch wenn es dem Kind sehr weh tut, verändert es sich. Es verlässt sich selbst und wird zu der Person, die von ihm erwartet wird.

Wurde uns in unserer Kindheit gesagt, dass wir dumm seien, zu langsam, zwei linke Hände hätten oder aber, dass wir niemals einen Partner bekämen, dann haben wir uns auch tatsächlich zu dieser Person entwickelt, die andere in uns sahen. Wir waren vielleicht schon bald in der Tat nicht mehr so flink im Kopf oder hatten wirklich zwei ungeschickte linke Hände. Denn unterbewusst übernahm die Überzeugung das Ruder, dass wir uns so verhalten müssten, wie man es von uns erwartete, um geliebt und angenommen zu werden.

Diese grundsätzliche Lebensprägung setzt sich im Erwachsenenleben fort. Mit diesen Überzeugungen treffen wir unsere Partner- und Berufswahl, und sogar unsere eigenen Kinder spiegeln uns wahrscheinlich ganz Ähnliches wider.

Und schon bald haben wir vergessen, wie alles ursprünglich einmal entstanden ist. Wir glauben einfach, dass wir so sind. Schließlich wurden wir ja vom weiteren Leben ständig auf diese Weise bestätigt. Und heute haben wir meist keine Ahnung mehr, dass es für unsere Überzeugungen einen Ursprung gibt. Wir leben unser Leben und glauben, dass uns nichts anderes zusteht. Dabei befinden wir uns nur in einer Art emotionaler Wiederholungsschleife.

Wir selbst schreiben das Drehbuch unseres Lebens

Die Psychologie weiß heute, dass Erwachsene häufig emotionale Ereignisse nachleben, die aus der Kindheit stammen. Wie ein Drehbuchautor schreiben wir selbst an unserem Drehbuch des Lebens und suchen uns – unbewusst, aber trotzdem sehr gezielt – die passenden „Mitspieler" für unser Lebensspiel aus und lassen sie die Erlebnisse unserer Kindheit „nachspielen".

In vielerlei Hinsicht gestaltet sich unser Leben immer noch nach den Bewertungssystemen unserer Eltern. Noch immer sind wir das artige Mädchen oder der brave Junge, der dagegen rebelliert oder sich ihnen ohnmächtig ergibt.

Oftmals tragen wir sogar noch den Zorn oder die Wut von damals in uns. Dann suchen wir uns gerne solche Partner und Bezugspersonen, die stellvertretend für unsere Eltern dafür bezahlen müssen. Unbewusst machen wir sie dafür verantwortlich, dass wir nicht geliebt wurden und fordern als Erwachsene noch mehr – unendlich viel – Liebe ein. Aber auch wenn wir sie erhalten, zweifeln wir an allen Liebesbeteuerungen, weil wir der Liebe gar keinen Glauben schenken. Schließlich haben wir erfahren, dass wir nicht liebenswert sind. Also glauben wir der Liebe des Partners nicht. Wir wehren sie sogar ab und tun dies so lange, bis unser Partner endlich merkt, dass er keine Chance hat, gehört zu werden und uns tatsächlich verlässt. Dann sind wir zwar wieder einmal tief verletzt, aber wir fühlen uns in unserer Erwartung bestätigt. Wir bekommen, was wir erwartet haben. Wieder einmal.

Solche Überzeugungen in sich zu tragen, ist weder gut noch schlecht. Es gibt keine moralische Bewertung dafür. Es ist, wie es ist. Wir sollten nur wissen, dass es nur einen einzigen Menschen gibt, der die Konsequenzen für diese Überzeugungen tragen muss. Und diese Person sind wir selber.

Wesentlich ist also für uns, zu wissen, dass es tief in uns Überzeugungen und Mustersätze gibt, die oftmals unseren eigentlichen Wünschen und Sehnsüchten entgegenlaufen. Immer wenn sich unsere Sehnsüchte, Wünsche und Hoffnungen nicht erfüllen, dann hat dies einen tieferen Grund. Und dieser Grund liegt stets in uns selber.

Der erste Schritt: Erkennen, es gibt eine Lösung!

Wir müssen uns mit unserer Vergangenheit nicht abfinden, und wir müssen sie auch nicht immer und immer wieder nachspielen. Denn aus der Hirnforschung weiß man, dass wir auf sehr einfache Weise unsere alten Überzeugungen und Bewertungsmuster, die wir über uns selbst haben, auflösen und transformieren können. Wir können tatsächlich unsere Sichtweise über unsere Vergangenheit umgestalten und neue, förderliche Überzeugungen aufbauen.

Dazu solltest du zunächst all die Sätze, die du heute noch über dich denkst, auf ein Blatt Papier *schreiben*. Du machst also einfach einmal eine Liste mit allen demütigenden und verletzenden

Sätzen, die man dir immer und immer wieder gepredigt hat. Sätze wie zum Beispiel:
„Du bist furchtbar, du bist schlampig, du hast zwei linke Hände, so wie du bist, findest du nie einen Mann, du frisst wie ein Schwein …" etc.

Anschließend setz dich in aller Ruhe hin und nimm dir den Satz vor, der noch heute den wesentlichsten Einfluss auf dich hat. Welcher Satz ist der wichtigste für dich?
Und nun schließe die Augen und frage dich innerlich, wer diesen Satz zu dir gesagt hat. Und in welcher Situation. Frage dich das ein paar Mal. Wiederhole den Satz und stell dir erneut die Frage: „Wer hat diesen Satz zu mir gesagt?"
Wenn du das ein paar Mal machst, dann werden schon rasch Bilder, Gerüche, Töne oder Worte in dir entstehen, die dir bewusst machen, wann diese Aussage über dich getroffen wurde und vielleicht sogar, wer sie gesagt hat.
Hierbei geschieht etwas ganz Wesentliches: Zum ersten Mal wird dir klar, dass dieser Satz über dich *nur* gesagt wurde und du es bist, der sich damit „nur" identifiziert hat. Das bist gar nicht du selbst!
Wenn wir das erkennen, können wir zum ersten Mal aus der dunklen Nebelwolke unserer „Ich bin …"-Überzeugungen heraustreten und uns von diesen Sätzen trennen.
Denn in der Tat bist das gar nicht du, sondern es wurde irgendwann einmal über dich behauptet. Nur hast du es damals als deine Wahrheit übernommen, dich damit identifiziert und dich auf diese Weise verändert.

Jetzt, da es dir bewusst geworden ist, kannst du es voller Liebe und Dankbarkeit zurückgeben. Ich weiß, es ist eine kleine

Herausforderung, Liebe und Dankbarkeit zu empfinden, wenn man emotional so verletzt wurde.

Wenn wir aber nicht vergeben, nicht verzeihen, dann tragen wir diesen Groll und den Zorn, den Hass und das Gefühl der Ungerechtigkeit noch immer mit uns herum. Wir können uns von diesen alten Überzeugungen nicht trennen, weil wir tief in uns noch immer wollen, dass das Unrecht, das uns widerfahren ist, wiedergutgemacht wird.

Solange wir jedoch darauf warten, dass andere uns um Verzeihung bitten oder gar Reue zeigen, geben wir unser Leben in die Hände anderer. Vielleicht sind diese schon längst gestorben oder mit anderen, neuen Partnern glücklich zusammen. Nur wir halten noch immer an unseren alten Wunden fest.

Also sei dir bewusst: Alles geschieht nach unseren Überzeugungen. Wenn wir nicht loslassen können, behalten wir alle alten Überzeugungen. Leider bezahlen wir das mit dem Verlust an Glücksfähigkeit.

Gib also all das, was nicht zu dir gehört, wieder voller Dankbarkeit an die Menschen zurück, die deinen kleinen Rucksack vollgemacht haben. Bedanke dich, dass dieser kleine Rucksack so lange dein Leben begleitet hat und gib ihn nun voller Liebe zurück. Denn ab jetzt beschreitest du ein neues, anderes und freies Leben. *Dein* Leben!

Dabei geschieht noch etwas Wunderbares: Schon bald erkennen wir, dass es damals oft so war, dass unsere Eltern gar nicht uns gemeint haben, sondern sie eigentlich selber in einer Krise steckten. Vielleicht lief die Ehe nicht besonders gut, oder es gab berufliche Probleme. Vielleicht waren sie ungeduldig und konnten nicht die Zeit und Mühe aufbringen, sich mit uns zu beschäftigen. Vielleicht hatten sie zu früh geheiratet und waren noch gar nicht bereit, eine Elternrolle zu übernehmen.

In den meisten Fällen haben diese Menschen gar nicht uns wahrgenommen, sondern nur ihre eigene Situation, in der sie sich befanden.

Allein diese Entdeckung hilft uns sehr, anderen zu vergeben.

Der zweite Schritt:
Alte Überzeugungssätze transformieren

Um diese alten Überzeugungssätze, die wir so lange mit uns herumgeschleppt haben, zu transformieren, formulieren wir sie zunächst in positive Affirmationen um. Zum Beispiel könnte die positive Entsprechung für „Du bist zu dumm" heißen: „Ich bin verbunden mit meiner inneren Weisheit", oder „Du machst alles falsch" wird zu „Ich bin in Ordnung so, wie ich wirklich bin".

Mache das mit allen Sätzen, die du transformieren willst.

Und von nun an identifizierst du dich mit deinen neuen, positiven Überzeugungen über dich selbst. Entscheide dich willentlich, nur noch positive Dinge über dich zu sagen.

Unser Gehirn arbeitet nämlich ganz ähnlich wie ein Computer. So können wir tatsächlich bremsende oder limitierende Programme überschreiben oder alte emotionale Muster sogar komplett vergessen und löschen.

Schon nach kurzer Zeit nimmt dein Verstand diese neuen, positiven Mustersätze an und richtet seinen Fokus künftig auf das Erleben dieser Überzeugungen aus.

Halte positiven Kontakt mit deiner Vergangenheit

Beim Transformieren alter Mustersätze ist entscheidend, dass wir uns nicht von unserer Vergangenheit abschneiden, sie verdrängen oder gar den Kontakt zu unseren Eltern oder Großeltern abbrechen, weil unsere Kindheit vielleicht nicht so schön war.

Wesentlich ist es, zu vergeben und voranzuschreiten.

Vor vielen Jahren habe ich dies das erste Mal getan, und bereits nach kurzer Zeit hat sich auch in meinem Leben alles verändert. Heute habe ich ein wundervolles Verhältnis zu meiner Mutter. Sie ist 88 Jahre alt, und wir verstehen uns blendend.

Wir telefonieren jeden Tag und ein, zwei Mal die Woche besuche ich sie auf einen Kaffee und bringe Dinge vorbei, die sie benötigt. Stets haben wir uns viel zu erzählen.

Entstanden ist das erst, als ich für mich beschlossen habe, alte Dinge zu vergeben und zu vergessen, und sie durch neue, konstruktive Überzeugungen zu ersetzen – und zwar durch solche, die für mich förderlich sind und mich im Leben voranbringen.

Das ist einer meiner größten Rettungsringe, die ich für mich in meinem Leben nutze: Erst als ich alle meine alten negativen Mustersätze, die mein Leben noch immer bestimmt haben, aufgespürt hatte und sie positiv transformierte, und ich begann, anderen für all die vergangenen Verletzungen, die ich erleiden musste, zu vergeben, änderte sich mein Leben auf eine Weise, wie ich es vorher nicht erwartet hätte.

Wenn du also gerade in einem emotionalen Loch steckst oder denkst, dass die Welt gegen dich ist, und du glaubst, keine Lösungen zu finden, betrachte einmal, welche Meinung du über dich selbst hast. Sehr oft sind wir selbst unser größter Kritiker.

Dann beginne, deine Meinung zu transformieren. Denn alles geschieht nach unseren Überzeugungen. Mit den richtigen Überzeugungen können wir Dinge erreichen, von denen wir heute noch nicht einmal zu träumen wagen.

Die weit in der Vergangenheit liegenden negativen Mustersätze ganz bewusst in positive Glaubenssätze umzuformulieren, war einer der besten Rettungsringe für mich.
Vielleicht wird er ja auch zu deinem …

Wenn nur noch Fragen bleiben

Der Tod eines geliebten Menschen kommt immer zu früh. Nie ist man darauf vorbereitet. Auch mir ging es so. Als mein Vater starb, war ich noch weniger als vorbereitet. Sein Tod kam vollkommen unerwartet.

Manchmal reißt der Tod nicht nur den geliebten Menschen, sondern auch uns selbst mitten aus dem Leben.

Mein Vater kam bei einem Autounfall ums Leben. Wenige Tage zuvor hatten wir noch gemeinsam gelacht und Pläne gemacht, und nun sollte ich ihn nie wiedersehen. Nie wieder mit ihm lachen. Nie wieder Zeit mit ihm verbringen. Dabei hatte ich noch so viele Fragen in meinem Herzen und so viele nicht gelebte Momente, die ich noch mit ihm teilen wollte.

„Dein Vater liegt im Sterben." Ich erhielt diese Nachricht am Telefon. Man sagte mir, es gebe keine Hoffnung mehr und man wisse nicht, wie lange man ihn noch in diesem Koma halten könne. Man bat mich, so rasch als möglich zu ihm zu kommen. Aber da ich gerade in Köln mit Dreharbeiten beschäftigt war, konnte ich erst zwei Tage später nach München reisen. Und so kam ich erst zwei Nächte nach seinem schweren Autounfall im Klinikum Rechts der Isar an. Dort sah ich meinen Vater zum letzten Mal. Ich hatte noch das blühende, lachende Gesicht vor Augen. Mein Vater, der immer gerne einen Scherz machte, mein Vater, der es verstand, so wundervoll Humor mit der Wirklichkeit zu verbinden, war umgeben von piepsenden Maschinen und Geräten, die seine Lungen mit Sauerstoff vollpumpten und sein Herz am Schlagen hielten. Die Ärzte wunderten sich, dass er noch so lange durchgehalten hatte und verstanden nicht, was ihn noch am Leben hielt. Nichts in seinem Körper war mehr in Ordnung, kein Organ mehr funktionsfähig, und dennoch schlug sein Herz und wollte nicht aufhören, am Leben teilzunehmen.

Ich setzte mich auf einen Schemel neben seinem Bett. Eine Schwester strich meinem Vater sanft über die Stirn und sagte leise: „Ein Wunder. Es ist ein Wunder."

Das, was die Ärzte und Krankenschwestern spürten, empfand ich ebenso. Etwas Großes war im Gange. Etwas zwischen mir und meinem Vater. Es war seltsam – als wüsste die Seele Bescheid, nahm ich seine Hand und sprach mit ihm. Obwohl mein Vater nicht mehr bei Bewusstsein war, und ich mir sicher war, dass er mich nicht hören konnte, sagte etwas in mir, dass wir dennoch tief miteinander verbunden waren.

Ich erzählte ihm Dinge, die ich ihm bisher nicht gesagt hatte. Wie sehr ich ihn liebte. Wie dankbar ich sei für seine Zuneigung und Kraft, die er mir geschenkt hatte. Wie sehr er mein Leben bereichert habe, was für ein wundervoller Vater er gewesen sei. Und dass er sich keine Sorgen machen müsse, dass er getrost gehen könne, weil ich für alles Weitere sorgen würde. Wie viel Würde so ein Tod haben kann.
Die Ärzte, die jeden Tag mit solchen Dingen konfrontiert waren, setzten sich zu uns und sprachen erneut von einem Wunder, dass mein Vater noch so lange durchgehalten hatte. Und eine Schwester meinte, dass es fast so sei, als hätte mein Vater auf

diesen Moment gewartet, dass ich mich von ihm verabschieden konnte. Zwei Stunden später starb er. Sein lebloser Körper wurde auf eine Bahre gelegt, mit einem Leinentuch bedeckt und aus dem Raum geschoben – und in eines der unteren, gekühlten Kellergewölbe gebracht.

Das war das letzte Mal, dass ich meinen Vater gesehen habe. Und plötzlich wurde mir bewusst, wie wenig Zeit ich in den letzten Jahren mit ihm verbracht hatte. Das entsprach natürlich nicht der Wahrheit. Wir hatten stets telefoniert und uns immer wieder in kürzeren Abständen auf einen Kaffee getroffen. Und dennoch: Wenn jemand nicht mehr bei uns ist, ist die Zeit immer zu wenig, die man miteinander verbracht hat.

In den Tagen danach, auch in den Wochen und Monaten nach seinem Tod, benötigte ich dringend einen Rettungsring. Denn plötzlich fühlte ich mich, obwohl ich umgeben war von Freunden, alleine. Mein Vater war gestorben. Der Mann, der mir das Gehen beibrachte. Der mir vorlebte, Situationen in Witze zu verpacken. Der mir liebevoll über den Kopf strich, wenn ich nicht weiter wusste. Der mich aufhob, als ich mit dem Fahrrad stürzte. Und der in die Schule lief, als mich ein Lehrer ärgerte – und der bedingungslos auf meiner Seite stand. Mein Vater, der immer alle Probleme für mich gelöst hatte, war tot und würde nie wieder in mein Leben zurückkehren.
Er war fort und zwar für immer.

Entscheidende Lebensfragen

Plötzlich entstanden in mir Fragen über Fragen …

Was für einen Sinn hat das Leben überhaupt?
Wofür lohnt es sich weiterzuleben?
Gibt es ein Leben nach dem Tod?
Kann er mich sehen oder gar beobachten?
Kann ich vielleicht mit ihm reden?

All diese Fragen halfen mir nicht weiter, weil sie stets nur Möglichkeiten aufwarfen. Man konnte daran glauben oder auch nicht. Und trotzdem fand ich bereits nach kurzer Zeit einen Rettungsring, der mir nicht nur damals half weiterzugehen, sondern den ich auch heute immer wieder gerne nutze. Es war eigentlich nur eine Frage, die ich mir von nun an – bei allem, was ich tat – stets stellte: Was würde mein Vater dazu sagen? Wäre er stolz darauf? Würde es ihm Freude bereiten, mich auf diese Weise zu sehen?

Auf einmal wurde mir klar, wenn ich mein Leben so weiterleben würde, wie es mein Vater gerne gesehen hätte, dann hat nicht nur mein Leben einen Sinn, sondern dann hatte auch sein Leben einen tieferen Sinn. Es war wirklich seltsam, allein dadurch, dass ich meinen Blickwinkel auf diese Weise veränderte, änderte sich auch mein ganzes Verhalten. Unwichtige Dinge rückten immer mehr in den Hintergrund meines Lebens. Ich wurde zielorientierter. Hilfsbereiter. Warmherziger. Dinge, die ich tat, sollten nicht nur für mich, sondern auch für andere Menschen einen Sinn ergeben.

Ich wurde bodenständiger. Und verlässlicher.

148

Wenn Menschen sterben, ist es immer zu früh, und ihr Tod hinterlässt eine Leere. Dieser Platz wird nicht mehr ausgefüllt. Wenn der Vater oder ein anderer naher Angehöriger stirbt, fühlt man sich alleine und verlassen. Und dennoch leben sie in uns weiter, wenn wir in Dankbarkeit für alle erhaltene Hilfe und Zuneigung leben. Ihr Leben hatte einen tieferen Sinn. Wir sind dieser Sinn. Sie haben Zeit mit uns verbracht. Unauslöschbare Zeit. Sie haben uns ihre Liebe geschenkt, ihre Aufmerksamkeit, ihre Geduld und ihre Achtung.

Wir können all dieser Zeit, all dieser Achtung und Liebe einen tieferen Sinn geben. Wenn wir unser Leben so weiterführen, wie es auch sie stolz gemacht hätte. Dann hat nicht nur ihr Leben einen Sinn gehabt, sondern auch die vielen Leben unserer gesamten Ahnengalerie.

Alle Leben unserer Vorfahren zielte auf unser Leben ab. All die Aufopferung, all das Leid, alles Bemühen unserer Familie hat einen Sinn, wenn wir unserem Leben einen Sinn geben.

Diesen Sinn finden wir sehr schnell, wenn wir uns einfach nur immer wieder mal fragen: „Würde es ihnen Freude bereiten, uns auf diese Weise zu sehen?"

Der Verlust eines geliebten Menschen ist sehr schmerzlich. Die Erkenntnisse, die wir aus der Erfahrung von Tod und Verlust gewinnen, sind umso wichtiger. Sie können über unsere Zukunft entscheiden. Denn sie bringen uns dazu, unsere Werte und Einstellungen zu hinterfragen. Nichts relativiert Ärger und Probleme nachdrücklicher als die Endlichkeit des Lebens.

Vor diesem Hintergrund erscheint dann so manche Alltagskatastrophe, die man vielleicht mal wieder viel zu ernst nimmt, nichtig und klein. Das heißt nicht, dass wir Herausforderungen nicht ernst nehmen, aber wir lernen, mit ihnen anders – vielleicht leichter oder auch besonnener – umzugehen.

Wir werden sterben. Nichts ist so sicher wie das. Wir werden sterben. Früher oder später. Und wir werden nichts mitnehmen können. Aber wir leben weiter in der Erinnerung all der Menschen, die mit uns zu tun hatten. So wie mein Vater für immer in meiner Erinnerung bleiben wird. All die Zeit, die er mit mir verbracht hat, all die Fürsorge, all das Lachen, all die Geschichten, all die Sorgen und all die Liebe, zu der er fähig war, haben mir geholfen, zu dem Menschen zu werden, der ich heute bin.

Friedhöfe sind Zeugen der Zeit

Oftmals nehmen wir die Vergänglichkeit des Lebens gar nicht mehr wahr. Friedhöfe helfen uns hier manchmal auf sehr stille und ruhige Weise, Dinge des Lebens wieder geradezurücken.

In München gibt es viele Friedhöfe, die wie Parks angelegt sind und zum Verweilen einladen. Das klingt vielleicht etwas merkwürdig, dass man sich ab und zu auch auf Friedhöfen aufhalten sollte. Und dennoch helfen gerade Friedhöfe uns oftmals dabei, wieder das wundervolle Geschenk des Lebens wahrzunehmen.

Fast überall auf der Welt gibt es Friedhöfe, die schon lange stillgelegt und stumme Gedenkstätten der Vergangenheit sind. Die alten Grabsteine erzählen viel, vom Wunder des Lebens, von Vergangenem und der Endlichkeit unseres Daseins. Für uns Menschen hat alles einen Anfang und ein Ende. Die Zeit selbst hört nie auf zu sein. Friedhöfe erinnern uns an die

Vergänglichkeit unserer eigenen Existenz und daran, das Leben zu genießen. Vor allem die Glücksmomente im Hier und Jetzt zu sammeln und bewusst wahrzunehmen.

Wir werden sterben. Wir vergessen das nur allzu oft. Wir werden sterben. Daran ist nichts Schlimmes. Schlimm ist es nur, nicht gelebt zu haben. Noch schlimmer wäre es, wenn wir rückblickend nichts entdecken würden, auf das wir im hohen Alter stolz sein könnten.

Vielleicht ist dies der wesentlichste Rettungsring für mich überhaupt: „Wo wäre mein Vater stolz auf mich, wenn er davon Kenntnis hätte?" Und: „Auf was möchte ich später einmal zurückblicken?"

Benutze diese beiden Fragen auch für dich selbst, und du wirst sehen, dass sich dein Leben ein Stück weit verändert.
Geburt und Tod haben immer eine gewisse Würde. Wir kommen und gehen. Zurück bleiben Fragen. Zwei dieser Fragen helfen uns enorm dabei, weiterzugehen und die richtigen Entscheidungen zu fällen.

So besitzt der Tod von geliebten Menschen auch eine gewisse Aufforderung an uns: Lebe. Lebe bewusst. Sei glücklich. Liebe und lass dich lieben. Genieße. Freue dich. Und lass andere an deiner Freude teilhaben. Gib dich dem Leben hin. Tu Gutes und tu Dinge, die dich und andere stolz sein lassen.

Urlaub beginnt bereits zu Hause

Michaela und ich wir reisen gerne. Und wir reisen auch viel. Leider! Ja, ja, ich weiß, wir reisen gerne … Aber eigentlich mag ich am liebsten gar nicht das Reisen an sich, sondern nur das Dortsein, in anderen Ländern mit all den anderen Sitten.

Reisen haben nämlich einen großen Nachteil: Bis man endlich sein Ziel erreicht hat, muss man sich auf hektischen Bahnhöfen aufhalten, mit schwerem Gepäck und viel zu dicken Klamotten an Check-in-Schaltern Schlange stehen, in heißen Abfertigungshallen an Förderbändern endlos hoffen, dass die eigenen Koffer auch wirklich mitgekommen sind. Bis man also sein neues Hotel erreicht hat, können nicht nur Welten, sondern gefühlte Zeitalter vergehen. Meist ist man dann am Urlaubsort nun wirklich erholungsreif. Und: Die gleiche Prozedur erwartet einen noch einmal auf der Heimreise. Zu Hause angekommen, möchte man nur noch entspannen und ausschlafen.

Ist Reisen also beschwerlich? Ja und nein. Es ist immer eine Frage der Betrachtungsweise. Genau genommen sind es nur wir selber, die uns beim Reisen fertigmachen.
Ist dir schon einmal aufgefallen, wie ungeduldig wir werden, wenn wir am Schalter warten müssen? Oder wenn beim Einchecken siebzehntausend Menschen vor uns stehen und wir das Gefühl haben, wieder einmal den falschen Schalter gewählt zu haben? Denn natürlich – wie kann es auch anders sein – wird die Schlange nebenan viel schneller abgefertigt als unsere. Vor allem sitzen wir beim Reisen endlos auf irgendwelchen Sesseln

und warten und warten, weil wir natürlich viel zu früh am Flughafen angekommen sind. Ja, Schatz, ich weiß, sicher ist sicher.

Reisen ist eine Frage der Perspektive

Und nun entsteht die Frage, die unseren Blickwinkel verändern kann. Was genau machen wir am Ankunftsort eigentlich so anderes? Auch dort lümmeln oder liegen wir lange oder noch viel länger auf einer Liege am Strand. Manchmal sitzen wir auch endlos an einer Bar oder völlig verschwitzt – weil wir die Hitze einfach nicht gewöhnt sind – in einem Korbsessel einer Lounge. Und was tun wir da? Ich jedenfalls liebe es, dort ein Buch zu lesen. Endlich habe ich Zeit, all die Literatur, die auf mich so lange gewartet hat, in aller Ruhe zu genießen.

Wo ist also der Unterschied zu einer Abfertigungshalle? Ja, ja, ich weiß schon. Natürlich. Kein Meer. Keine Berge. Keine feuchte Tropenhitze. Keine Sonne.

Aber meine Frage ist trotzdem nicht so falsch. Das Wesentlichste, was wir dort tun, ist entspannen. Als gäbe es einen inneren Befehl in uns, der lautet: Jetzt kannst du mal nichts tun.

Das schönste Nichtstun ist für mich, wie gesagt, lesen. Sitzen und lesen. Sitzen ist doch sitzen?! Und ein Buch lesen ist ein Buch lesen?! Nachdem ich also jahrelang, wohl über tausend Mal, hoffnungsfroh auf unsere Koffer gewartet habe, immer wieder sauer über Verspätungen war und genervt in endlos langen und völlig unnötigen Schlangen gewartet habe – auch spaßig, dass immer alle gleichzeitig in einen Flieger drängen und dann in einer unendlich heißen Röhre, Finger genannt (auch wenn meine Finger noch nie so heiß geworden sind), warten müssen, weil natürlich die vorderen Sitzreihen ebenso schnell in den Flieger müssen, als würde er sonst ohne sie abfliegen, und alle anderen nicht mehr an ihnen vorbeikönnen –, aber lassen wir das, das ist nämlich Vergangenheit. Denn nachdem ich also jahrelang auch so ein Reisender war, habe ich mich entschieden, den Urlaub bereits mit dem Verlassen der Wohnung beginnen zu lassen.

Ich entspanne. Es ist doch mein Urlaub. Ich schlage mein Buch auf und lese. Im Taxi, in der Warteschlange, im Warteraum. Ich stelle mir dann oft vor, ich würde zu Hause auf meinem Sofa sitzen und lesen. Übrigens dasselbe Buch, das ich tatsächlich auch zu Hause lese. Der Unterschied findet nur im Kopf statt. Manchmal beobachte ich auch die Hektik und den Trubel, als würde ich einen Actionfilm betrachten und zwar in realem 3D. Wenn ich dann noch die Kopfhörer aufhabe und eine Musik laufen lasse, die dem Trubel vollkommen entgegengesetzt ist, zum Beispiel getragene Klassik, ist die Illusion perfekt. All die Kulissen, all die Schauspieler, all die Aufbauten – nur damit ich meinen wundervollen Film betrachten kann.

Dann blicke ich manchmal kurz von meinem Buch auf und sehe Menschen Schlange stehen, um in den Flieger zu kommen. Ich aber habe Zeit. Es ist doch mein Urlaub. Er hat doch schon längst begonnen. Und erst wenn niemand mehr zu sehen ist, nach weiteren zehn spannenden Seiten, gehe ich in die Röhre. Nein, der Flieger fliegt nicht ohne mich ab. Sie haben doch mein Gepäck im Bauch des Fliegers gebunkert. Würde ich nicht mitkommen, müssten alle Passagiere wieder raus, ihr Gepäck würde neben dem Flieger aufgereiht, und jeder dürfte seine Koffer identifizieren. Nein, keine Sorge, keiner muss warten, ich bin superpünktlich. Aber ich muss nicht mehr einer der Ersten sein. Ich sitze doch in Gedanken zu Hause auf meinem Sofa. Und das

Buch ist gerade so spannend. Im Flieger werde ich auch noch bedient. Zu Hause muss ich selber an den Eisschrank.

So seltsam sich das vielleicht anhören mag, so wirkungsvoll ist es für mich. Mein Rettungsring für alle Reisenden ist: den Urlaub bereits mit dem Schließen der Wohnungstür beginnen zu lassen. Es ist nur ein Umschalten im Kopf. Ein Umschalten, das alles verändert. Wenn wir diesen Befehl an unser Gehirn geben, werden wir bereits auf der Reise entspannt lesen, Musik hören und so viele wundervolle reale 3D-Filme betrachten.

Ach ja! An der gleichen Richtlinie sollten wir uns auch im Urlaub selbst orientieren, sonst ist die Reise zwar wundervoll, aber dann beginnt vor Ort eine ganz neue, eigene Hektik.

Die Urlaubshektik. Wir aber entspannen. Weil wir nichts, aber auch gar nichts müssen, sondern immer nur dürfen. Und das auch nur, wenn wir wollen.

Reisen ist Nahrung für die Seele

Ich liiiiebe es, zu reisen. Am liebsten wäre ich das ganze Jahr unterwegs. Ich brauche die Inspiration von außen – fremde Länder und Kulturen, Kunst, Landschaften, neue Menschen, andere Sprachen und ein anderes Klima. Am liebsten wäre ich ein Chamäleon, um mich der jeweiligen Kultur, in der ich mich gerade aufhalte, flexibel anzupassen. Ich versuche nach Kräften, so auszusehen wie die Menschen, die in dem betreffenden Land leben – was mir als „Weißhäuter" und „Blondhaar" meistens nicht gelingt. Ich lerne sofort wenigstens ein paar Brocken der jeweiligen Landessprache und freue mich wie eine Schneekönigin, wenn die Leute mit mir in ihrer Sprache weiterreden. Meistens endet so eine Aktion mit großem Gelächter und wildem Gestikulieren. Ich benutze immer die Fortbewegungsarten der Menschen, die dort leben, und komme verschwitzt und erschöpft, aber glücklich, im Hotel an, wo ich meinen Mann abgestellt habe – weil er auf keinen Fall mitwollte.

Ich schleppe auch immer viel zu viel Gepäck mit und hin und leider auch wieder zurück. Auf der Heimreise ist es meistens noch viel, viel mehr als bei der Hinreise. Ich komme mit mehr zurück, als ich hingereist bin. Ich kaufe Schals, Seide, Bücher, CDs mit der Musik von dort, Schmuck, und ich mache unendlich viele Fotos. Die digitale Fotografie wurde für mich erfunden! Ich mache von jedem Motiv zur Sicherheit mindestens acht Bilder. Ich fotografiere einfach alles, was mir vor die Linse kommt. Und wenn ich mir die Bilder dann zu Hause anschaue, habe ich immer das Gefühl, ich hätte zu wenige gemacht. Dann schießt mir der Gedanke durch den Kopf, ob ich nicht vielleicht einen Foto-Chip irgendwo verloren habe. Die Fotos sind mein Rettungsring, wenn es in Deutschland wieder grau und kalt wird. Dann sitze ich vor meinem Computer, mache eine Schreibpause und schwelge sehnsüchtig in Sonnenuntergängen, Blumenwiesen oder den türkisfarbenen Wellen der Weltmeere. In Gedanken bereise ich die magischen Orte noch einmal, rieche die Düfte und höre das Stimmengewirr des Wochenmarkts.

Wenn wir reisen, dann nehme ich immer eine riesengroße Reiseapotheke mit, natürlich, um für alle Eventualitäten gerüstet zu sein. Sicher ist sicher. So darf mein armer Mann seinen ohnehin schon lädierten Rücken noch weiter bucklig schleppen mit kiloweise homöopathischen Mitteln, Salben, Verbandszeug, sterilen Pflastern und und und … Auch das ist mein Rettungsring auf Reisen. Ich benötige diese ganzen Mittel kaum, aber sie beruhigen mich. Und wehe, wenn ich sie mal nicht mithabe! Genau dann brauche ich garantiert etwas davon und darf in fremdländischen Apotheken abenteuerliche Hustensäfte kaufen und inständig die Augen zum Himmel lenken – im tiefen Vertrauen darauf, dass ich mich nicht vergifte.
Wie ich an unser Reiseziel gelange, ist mir fast egal. Aber wenn ich wählen kann und die Strecke nicht zu weit ist, so nehmen wir immer den Zug. Ich kann aus dem Fenster schauen, lesen, mich mit Pierre und Mitreisenden unterhalten, Tagebuch schreiben, telefonieren, in die Weite blicken, träumen oder schlafen.
Wenn ich reise, jubelt meine Seele. Unterwegssein bedeutet für mich, frei zu sein, die Welt zu erkunden, neue Impulse und Inspirationen aufzunehmen, die Schöpfung in all ihren Facetten zu erfahren. Ich finde, Heimat ist nicht immer dort, wo man geboren ist, sondern dort, wo einem das Herz aufgeht.

Manche Orte sind uns fremd und doch auf eine Weise vertraut, als wäre man schon einmal dort gewesen. Wenn ich an den Wochenmarkt in Jaipur denke, an die Explosion der Sinne, die ein Besuch dort auslöst, an das rege Treiben, die Düfte, Gerüche, Gewürze, Kräuter und Farben … weitet sich mein Herz, und ich spüre und atme die Freiheit.

Reisen ist die pure Erholung!

Reisen ist für mich pure Erholung, weil ich fernab von meinem Alltag und all den Verpflichtungen zu Hause bin. Hier kann ich Sonne tanken und einfach mal die Seele baumeln lassen. Träumen, mich treiben lassen und leben. Dann komme ich mit vielen neuen Impulsen und Ideen heim und freue mich darüber, dass ich eine frische Sicht auf mein Zuhause geschenkt bekommen habe. Reisen macht mich offen und flexibel, lenkt mich von mir selbst ab, erweitert meinen Horizont und ersetzt meine alte Perspektive durch eine neue Offenheit. Auf Reisen entdecke ich mich selbst und richte meinen Fokus wieder neu aus. Durch den räumlichen Abstand sehe ich auch die Schönheit der Heimat und die großartigen Seiten an meinem Zuhause wieder ganz klar und deutlich. In der Ferne wird mir bewusst, wo meine eigenen Wurzeln liegen. Und wie schön es dann ist, wieder nach Hause zu kommen! Oft habe ich Lust, mein Zimmer umzuräumen, auszumisten, es mit den Reiseerinnerungen zu schmücken und – wenigstens in den ersten Wochen – den neuen Lebensrhythmus beizubehalten.

All die kleinen Schätze, die ich von meinen Reisen mitbringe und mit denen ich meine Umgebung dekoriere, erinnern mich tagtäglich daran, dass das ganze Leben eine Reise ist. Eine der spannendsten Reisen überhaupt: die Reise zu sich selbst.

Pierres liebste Rettungsringe

1. Mit Julia Fahrrad zu fahren und zu philosophieren

Julia hat schon sehr früh Fahrrad fahren gelernt. Und was für einen Spaß sie dabei immer hat! Seit sie groß ist, begleitet sie mich oft auf meinen täglichen Fahrradtouren. Die Fortbewegung in der abwechslungsreichen Natur bewegt immer auch unseren Geist. Wir philosophieren dabei über alle möglichen Themen und tauschen Ideen aus. Diese Dialoge sind mir ein bereichernder Rettungsring im Alltag. Und das Fahrradfahren macht meinen Kopf frei und sorglos.

Julia lebt jetzt weit weg, sie studiert in den USA. Aber in meinem Herzen begleitet sie mich immer auf meinen Radtouren durch den Wald, und in Gedanken tausche ich mich dabei auch weiterhin mit ihr aus. Auf unwegsamen Strecken Fahrrad zu fahren, lässt bei mir keinen Gedanken an Arbeit zu. Auch Probleme werden dabei nicht gewälzt. Ich muss mich viel zu sehr auf mein fahrerisches Geschick konzentrieren. Nach so einer kleinen Fahrt bin ich meist wie ausgewechselt.

2. Auf einem Hügel zu sitzen und ins Meer zu schauen

Wenn wir Urlaub machen, dann fahren Michaela und ich oft ans Meer. Michaela liebt das Wasser, ich liebe die Aussicht von einem Hügel auf die unendliche Weite des Meeres. Es macht uns beide glücklich. Bei der Abreise werfe ich einen letzten intensiven Blick auf die schimmernden Wellen und trage das Meer in mir mit nach Hause. Dieses innere Bild gibt mir Kraft und ist mein Rettungsring, wenn meine Verpflichtungen mich einmal überlasten. Die Meereswellen mit ihrem Rauschen, das in meinen Ohren nachklingt, spülen jeden Stress fort. Stell doch mal ein Foto von deinem letzten Urlaub in Sichtweite auf. Vielleicht auf deinem Schreibtisch – oder mach einen Bildschirmschoner daraus. Und dann geh in den Pausen immer wieder mal kurz in deiner Erinnerung dort spazieren – Erholung pur.

3. Mit Michaela im Arm Filme anzuschauen

Diese Momente sind selten und daher umso kostbarer. Michaela und ich, wir haben eigentlich immer etwas zu tun. Meistens ist es auch etwas Dringendes. Deswegen ist es umso schöner, wenn wir einmal einen Abend für uns haben, um gemeinsam nichts zu tun. Dann lassen wir uns gerne auch mal von einem schönen Film bezaubern oder mitreißen. Vor allem, wenn es ein romantischer Film ist, dann kuschelt sich Michaela umso enger an mich.

Gibt es einen größeren Rettungsring, als die wunderschöne Frau, die man liebt, im Arm zu halten? Wenn man das viel zu selten tut, sollte man diese Abende ganz bewusst einplanen. Eine DVD ausleihen (natürlich ihren Lieblingsfilm!), ein bisschen Knabberzeug hinstellen und, wenn man es ganz besonders toll meint, darf es sogar einmal Prosecco oder gar Champagner sein.

163

4. Im Wald den Wald zu riechen

Der Wald hinter unserem Haus steckt so voller Leben. Am schönsten ist es gleich frühmorgens, wenn noch kein anderer unterwegs ist. Manchmal kann ich sogar das eine oder andere Reh beim Äsen beobachten, Eichhörnchen flitzen die Baumstämme hoch und runter, und auch Hasen hüpfen ungestört umher. Der Waldboden ist dann noch feucht von der Nacht und duftet köstlich nach Holz, Moos und Erde. Diese Auszeiten voller Achtsamkeit im Wald sind mein Rettungsring – eine Entführung in die Welt meiner Sinne. Obwohl ich diese Momente so liebe, muss ich auch dafür immer ganz bewusst Zeit einplanen. Denn unsere Wahrnehmung beschäftigt sich hauptsächlich mit dem, worauf wir unseren Fokus legen. Ist unser Fokus auf die Arbeit und das Lösen von Problemen gerichtet, vergisst man darüber hinaus sehr oft die Dinge, die einem guttun. Schreib dir also ganz bewusst in deinen Terminkalender, wann du welche Freizeitbeschäftigung machen möchtest. Reserviere genügend Zeit dafür, deine Seele mal wieder baumeln zu lassen.

5. Zu schreiben, zu schreiben, zu schreiben

Schreiben ist wie Urlaub für mich. Ich tauche ab zwischen Buchstaben, Wörtern, Sätzen und Geschichten. Ich bin weg. Meistens bemerke ich gar nicht, wie die Zeit dabei vergeht. Wenn ich auf die Uhr blicke, bin ich immer wieder überrascht, seit wie vielen Stunden ich schon auf der Tastatur tippe. Schreiben ist mein Rettungsring. Es streichelt meine Seele, Erfahrungen und Erlebnisse in Schriftform festzuhalten und auf diese Weise mit anderen zu teilen. Umso schöner ist es, wenn meine Worte

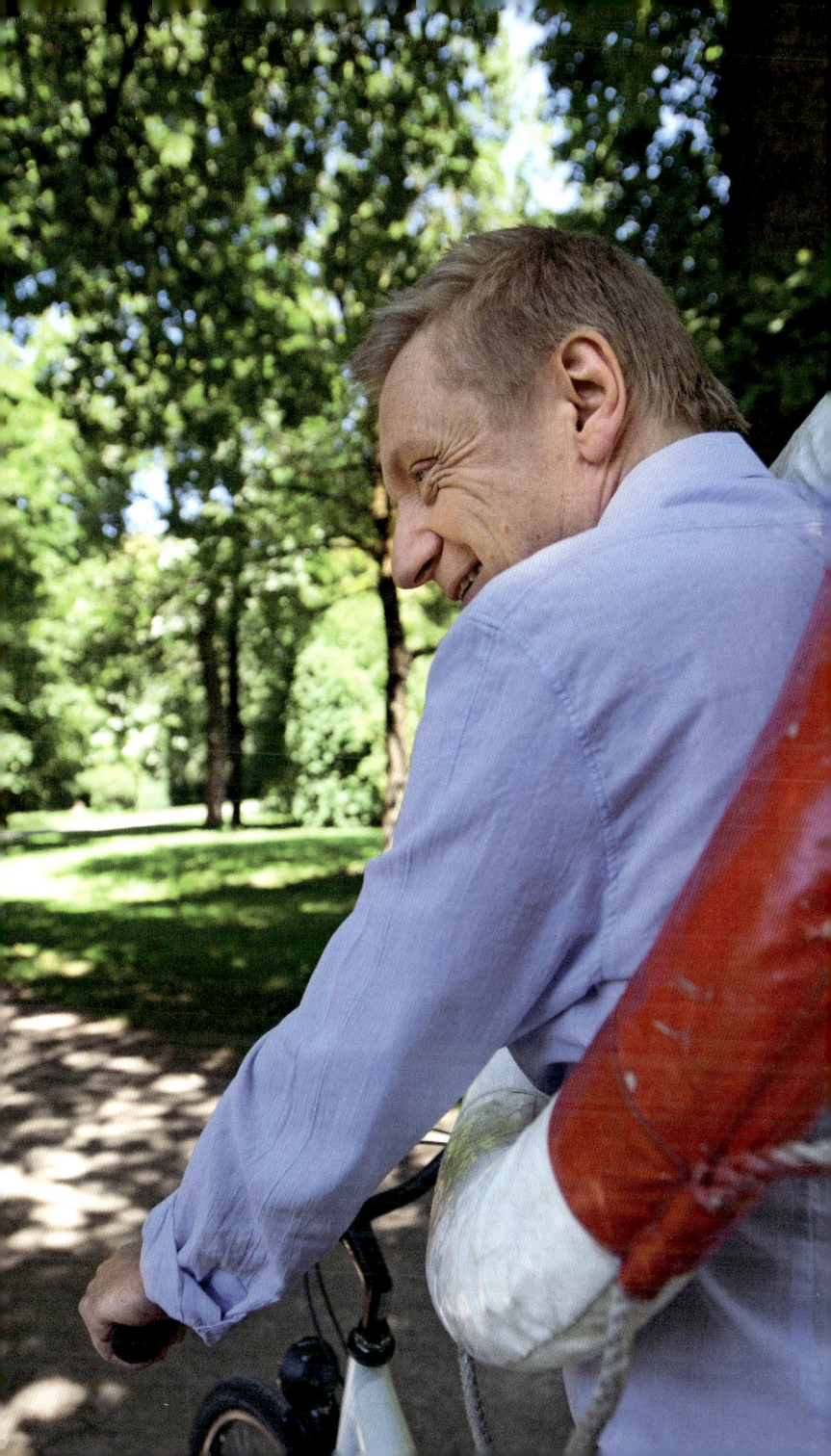

meine Leser berühren und sie mir schreiben, wie sehr ihnen die Bücher Mut gemacht haben. Schreiben lässt uns vieles ganz bewusst reflektieren. Erinnerungen werden nicht nur wieder wach, vielmehr lernen wir auch, mit dem Erlebten umzugehen. Erst als ich anfing zu schreiben, bemerkte ich, wie reich selbst solche Momente in meinem Leben waren, die sonst eher unbemerkt vorbeigerauscht wären. Wer zum Beispiel Tagebuch schreibt, bei dem werden die Wochen und Monate nicht mehr so schnell vorbeihuschen, sondern er wird feststellen, wie reich sein Leben bereits ist.

6. Morgens bei Sonnenaufgang aufzustehen

Frühmorgens ist die Welt noch sehr ruhig und friedlich. Selbst die sonst so hektische Stadt hat einen völlig anderen Rhythmus als tagsüber. Manchmal stehe ich mit einer Tasse Kaffee in der Hand auf unserer kleinen Terrasse und lausche einfach nur dem ruhigen Grundrauschen der erwachenden Stadt. Ich schlafe nicht so viel und auch nur am Wochenende länger. Deswegen komme ich glücklicherweise oft in den Genuss, den Sonnenaufgang zu erleben.

Es ist immer wieder eine Begegnung mit der Schöpfung, wenn die Sonne erhaben und majestätisch wie eine stolze Königin mit golden strahlender Krone über dem Horizont aufgeht. Morgens früh bei Sonnenaufgang aufzustehen, ist mein Rettungsring für einen beschwingten Start in den neuen Tag. Stehe einmal vor Sonnenaufgang auf und beobachte, wie es langsam heller wird. Der Tag wird für dich anders verlaufen. Bewusster. An solchen Tagen gehen wir auch mit uns selbst bewusster um.

7. Tennis zu spielen und mit den fliegenden Bällen den Alltag zu vergessen

Tennis ist Auszeit. Die Bälle springen so schnell, dass mein Kopf gar keine Chance hat, noch Aufmerksamkeit für etwas anderes zu fordern. Meine Konzentration wird von den rasanten Ballwechseln vollkommen absorbiert.

Deswegen ist Tennisspielen so ein hervorragender Rettungsring für mich, wenn ich zu viel grüble oder im Geist nach kreativen Ideen suche. Wenn ich vom Spiel zurückkehre, bin ich so ausgelastet und glücklich, dass mir alles viel leichter von der Hand geht – alle vermeintlichen Probleme, Sorgen und gedanklichen Teufelskreise sind auf dem Tennisplatz liegen geblieben.

Natürlich eignet sich auch jede andere Sportart dafür. Alles, was unseren Geist zur völligen Konzentration zwingt. Hervorragend sind natürlich Ballsportarten, weil wir hier auch noch verspielt sein dürfen. Darüber hinaus wollen wir gewinnen, aber wenn wir nicht konzentriert genug sind, verlieren wir einen Punkt. Also wird jeder störende Gedanke schnell beiseitegeschoben, und wir sind voll bei der Sache. Gleichgültig, ob wir golfen, Tischtennis spielen oder am Strand um den Sieg beim Volleyball kämpfen; egal, ob wir verlieren oder gewinnen. Wir fühlen uns danach herrlich.

8. Den PC auszulassen und den Tag ohne Informationsflut zu verbringen

Ein Laptop ist gleichzeitig ein Fluch und ein Segen! Mich begeistert der technische Fortschritt dieses Jahrhunderts, aber manchmal da bereue ich ihn wirklich. Zum Beispiel, wenn meine Homepage alle paar Wochen wegen Überlastung zusammenbricht oder der Newsletter hängen bleibt … Auch kommt es mir vor, als verschluckte der Computer manche Anhänge und Mails einfach.

Das ist wie mit den Socken beim Waschen, da verschwinden ja auch immer welche! Das ärgert mich dann so sehr, dass ich das Ding einfach runterfahre. So ein Computer hat einen wunderbaren Knopf, und der heißt „Aus". Drück ihn einmal ganz bewusst und nimm wahr, dass es auch noch etwas anderes gibt als die Welt der Technik. Das ist der beste Rettungsring gegen jeglichen virtuellen Ärger.

9. Auf dem Trampolin zu hüpfen und gute Laune zu bekommen

Mein Trampolin ist Spaß pur! Wann immer ich mich draufstelle und auf und ab federe, fange ich automatisch an zu lächeln. Wirklich, diese Erfindung ist ein Gute-Laune-Garant. Wenn ich hoch hüpfe und leicht wie eine Feder durch die Luft fliege, fühle ich mich gleich viel besser.

Das Trampolin ist ein toller Rettungsring für mein inneres Spiel-Kind. Übrigens scheint das Trampolinspringen irgendwie ansteckend zu sein. Denn immer wenn ich hüpfe, wollen alle anderen auch.

10. Unseren Schwedenofen einzuheizen und dem knackenden Holz zu lauschen

Unser Schwedenofen ist Romantik pur! Michaela liebt es, wenn ich einheize. Dann macht sie sich oft einen Kakao und setzt sich auf unser Sofa, um in die Flammen zu blicken. Ich genieße es auch, wenn sie mich beim Feuermachen beobachtet. Es erfüllt mich immer ein kleines bisschen mit Stolz. (Weil sie es nicht so schnell hinbekommt und stets mich darum bittet.)

So müssen sich unsere Jäger-Vorfahren damals bei der Rückkehr in die Höhle gefühlt haben: als Beschützer, männlich, stark. Feuer besitzt eine ganz eigene, magische Kraft. Wenn das Holz im Ofen knackt und wir beide dem Feuer lauschen – das ist ein wertvoller Rettungsring in unserer Ehe.

Michaelas liebste Rettungsringe

1. Chai-Tee und Kaminfeuer bei Regenwetter

Wir haben einen urgemütlichen, hellen Erker zu Hause. Von dort kann man auf der einen Seite in unseren grünen Garten blicken und auf der anderen in das knisternde Feuer unseres Holzofens. Ich sitze gerne dort, trinke meinen Lieblingstee (Chai mit Milch und Honig) und beobachte das faszinierende Naturschauspiel draußen. Das Programm ist sehr abwechslungsreich, es ist jeden Tag eine andere Vorstellung – je nach Wetter. Es sieht schön aus, wenn die glasklaren Regentropfen an der Fensterscheibe im Erker herabperlen, wenn sich die Bäume und Sträucher im Garten im Wind hin und her wiegen und die vorbeischwebenden Wolken dem Himmel immer wieder ein ganz neues Gesicht schenken. Dieser Anblick lässt mich alles andere vergessen. Ich bin die, die ich bin. Im Hier und Jetzt. Und ich spüre, dass ich ein lebendiger Teil des großen Ganzen bin. Diese wertvollen Momente sind mein Rettungsring und lassen mich die Welt immer wieder mit den neugierigen Augen eines lebensfrohen und achtsamen Kindes betrachten.

2. Die wohlige Wärme unserer Katze in meinem Nacken oder auf den Füßen

Tiere sind etwas Wunderbares. Eine unserer Katzen ist schon zehn Jahre alt. Was wir in dieser Zeit schon alles mit ihr erlebt haben! Katzen können manchmal ganz schön frech sein.

Und so süß! Aber am schönsten ist es, wenn ich auf dem Sofa liege, unsere Miez sich über meine Füße legt oder hinter meinen Kopf und ihre Wärme an mich abgibt. Dann fühlen wir uns alle beide sehr wohl. Ich mag das Geräusch, wenn sie genüsslich zu schnurren beginnt. Das hat etwas Beruhigendes. Ab und zu schmiegt sie sich auch an meinen Hals, um mir noch näher zu sein. Dieser kuschelige Augenblick lässt mein Herz aufgehen. Ich betrachte den Tag dann voller Liebe und gebe diese Zuneigung in mir als Zärtlichkeit in Worten und Gesten auch an andere weiter. Das ist mein Rettungsring, wenn ich mich einmal in mich selbst verkriechen, zurückziehen und niemanden so recht an mich heranlassen möchte.

3. Als Erste aufzustehen und meine Familie mit einer duftenden Frühstückstafel zu überraschen

Der Morgen ist für mich jeden Tag ein Geschenk. Nach dem Aufwachen sind die Sinne noch so aufnahmefähig, und der neue Tag mit all seinen Überraschungen liegt vor einem. Sobald ich aufwache, bin ich schon neugierig darauf, was an diesem Tag so alles passieren wird. Ich mag es, wenn ich am Wochenende morgens die Erste bin, die den Tag begrüßt. Wenn Pierre und Julia noch schlafen, schleiche ich hinunter in die Küche und zaubere eine bunte Frühstückstafel. Wie glücklich mich ihre strahlenden Gesichter machen, wenn sie – noch schlaftrunken – dann meine kleinen kulinarischen Überraschungen entdecken. Ich liebe es, die beiden um mich zu haben, ihnen Aufmerksamkeit und meine ganze Liebe zu schenken. Dieses ausgedehnte Frühstücken zu dritt ist ein wirksamer Rettungsring, der alle Strapazen der Woche nichtig erscheinen lässt.

4. Menschen dabei zu unterstützen, ihr Potenzial zu leben

Dass ich ein ausgeprägtes Gespür für die wahren Bedürfnisse anderer Menschen besitze und gut zwischen ihnen vermitteln kann, entdeckte ich erst relativ spät. Heute ist das aus meinem Leben gar nicht mehr wegzudenken. Es ist ein großartiges Geschenk für mich, wenn mich Menschen um Rat fragen und ich helfen kann. Es macht mich glücklich, wenn sie auf diese Weise ihr Potenzial entdecken und ich sie unterstützen kann. Das Strahlen in den Augen anderer zeigt mir, dass ich ihr Rettungsring bin. Und es ist sehr erfüllend, dieser Rettungsring zu sein.

5. Essen und genießen mit allen Sinnen

Wie gerne ich esse und genieße, das habe ich letzte Weihnachten wieder feststellen dürfen: Über die Festtage – eher Schlemmertage – hatte ich doch sage und schreibe vier Kilo(!) zugenommen. Da bin ich erst mal ziemlich erschrocken und war auch etwas frustriert, weil meine Lieblingsjeans nicht mehr richtig bequem saß. Statt mich zu ärgern und in den Hungerstreik zu treten, habe ich das Gegenteil getan: Ich habe gesundes und hochwertiges Essen in Maßen als Rettungsring genutzt. Nach ein paar Tagen ohne Nudeln und Plätzchen, dafür mit Gemüsesuppe, Fisch, Obst und viel Bewegung an der frischen Luft waren die Schlemmerpfunde weg, die Hose saß wieder perfekt.

6. Wenn mich Pierre zum Lachen bringt

Pierre ist der witzigste Mensch, den ich kenne und den es für mich auf der Welt gibt. Ganz besonders schön finde ich es, wenn er mich zum Lachen bringt und mein herzliches Gackern ihn dann auch ansteckt – bis wir uns die Bäuche halten, bis uns die Tränen kommen. Das kann eine ganze Weile so gehen. Pierres Humor und mit ihm zu lachen, das wird für mich immer der allergrößte Rettungsring sein.

7. Umarmt zu werden

Es gibt so Tage, da kann man sich selbst nicht leiden. Tage, an denen man besonders hart mit sich selbst ins Gericht geht, an sich herumkritisiert, Tage, an denen der kleine Zweifler in einem laut meckert und es einem niemand rechtmachen kann, am wenigsten man selbst. Dann bekommen meistens auch andere die eigene schlechte Laune und Unzufriedenheit ab. Ich kann mich überglücklich schätzen, Menschen um mich zu haben, die erkennen, was ich in solchen Situationen am meisten brauche – und woran ich selbst am wenigsten denke: eine Umarmung. Das wunderbare Gefühl von Nähe und Geborgenheit, das mich dann mit einem Mal durchströmt, ist mein Rettungsring. Es lässt mich wieder friedlich werden und sämtliche negativen Gedanken in meinem Kopf verstummen.

8. Schwerelos im warmen Wasser zu schweben und abzutauchen

Wie sehr ich das Element Wasser liebe, merke ich jedes Mal wieder, wenn wir am Meer sind. Diese körperliche Schwerelosigkeit im Wasser lässt mich so unvergleichbar leicht werden. Natürlich ist das Meer weit weg von dort, wo wir wohnen. Deshalb hole ich mir dieses Gefühl von schwereloser Leichtigkeit regelmäßig anderweitig in meinen Alltag: Ich liebe es, im warmen Badewasser zu schweben. Dann gibt es nur mich, die wohlige Wärme und das Plätschern und Gluckern des Wassers. Ein einfacher Rettungsring, der immer wieder funktioniert und Wohlgefühl spendet.

9. Meine kleinen Zeitoasen, in denen ich nicht verfügbar bin

Es ist der größte Rettungsring für mich, Menschen um mich zu haben, die mich inspirieren. Ich mag gerne Trubel und wenn viel los ist. Doch auch bei mir gibt es Zeiten, in denen ich ganz für mich sein möchte.

Um mich zu sammeln, nachzudenken, Dinge zu entscheiden, meine Ziele neu auszurichten und manchmal auch, um einfach nur träumend nichts zu tun. Und dabei will ich dann auf keinen Fall gestört werden! Also schalte ich alle Geräte und Telefone aus, sperre den Laptop in die Schublade und bin dann komplett weg – in meiner Zeitoase.

10. Barfuß durch den nassen Morgen-tau im Garten zu tänzeln und den Tag zu begrüßen

Das tue ich im Sommer, bevor ich das Frühstück für meine(n) Süßen vorbereite, liebend gerne. Der kühle Morgentau auf der Wiese in unserem Garten durchblutet meine nackten Füße und macht mich wach und frisch. Ich verbinde mich so auch mit Mutter Erde. Wenn das Gras sanft die Haut meiner Füße kitzelt, stimmt mich das fröhlich, und ich spüre auch, wie viel Leben und Liebe zum Leben in mir stecken. So kann ich lächelnd in den neuen Tag starten. Ich nutze diesen Glücklichmacher als Rettungsring, wann immer es gerade passt.

Lass dich von Zielen motivieren

Nicht immer im Leben bekommen wir das, was wir gerade möchten. Manchmal sehen wir das Ziel bereits, manchmal fehlen nur noch wenige Zentimeter. Und dennoch, obwohl wir bereits so nah dran sind, ist es oftmals unerreichbar weit entfernt. Manchmal für immer. Manchmal geben wir auch einfach nur auf. Oftmals verlieren wir den Mut. Oder glauben nicht mehr an unsere Chance.

Wenn Ziele unerreichbar weit entfernt sind, erscheinen sie uns unrealisierbar. Und weil wir es nicht für möglich halten, schon bald Lösungen zu finden, versuchen wir es meist auch gar nicht erst. Und ich bin mir sicher: Genau das ist der Sinn dahinter, dass so manche Ziele direkt vor unserer Nase auftauchen, wir sie aber dennoch nicht so einfach haben können. Sie fordern uns ständig heraus: „Na, komm schon. Probier es doch noch einmal. Gib nicht auf. Du hast es doch schon fast geschafft!" Und genau dadurch bekommt unser Leben eine neue, wundervolle Qualität.

Denn Ziele, die wir uns gesteckt haben, motivieren uns. Sie inspirieren uns und setzen ein Potenzial in uns frei, das wir zuvor noch nicht an uns gekannt haben. Beginnen wir nicht gerne uns zu langweilen, wenn wir alles sofort haben können? Wenn es keinen Aufwand braucht, um etwas zu erreichen?

Als ich noch Drehbücher schrieb, durfte ich als Erstes lernen, dass das Ziel des Filmhelden nicht zu leicht erreichbar sein darf.

Legt man dem Helden zu wenig Hürden in den Weg, wird der Zuschauer sauer und bekommt leise Langeweile. Der Filmheld soll kämpfen. Natürlich soll er am Ende siegen und auch alles erlangen, was er begehrt hat, aber es darf ihm nicht allzu leicht gemacht werden. Erst wenn wir uns um etwas bemühen müssen, bekommt es für uns einen Wert.

Vielleicht wollen Frauen aus diesem Grund erobert werden. Wir sollen um sie kämpfen, sollen zeigen, dass sie uns wichtig sind. Und wie stolz sind wir Männer, wenn unsere „Jagd" erfolgreich ist und wir das Objekt unserer Begierde erobern konnten. Was für ein heldenhaftes Gefühl des Sieges, wenn wir nach langem Bemühen tatsächlich das Jawort erhalten! Wie spannend die erste Nacht, als sie endlich unserem Drängen nachgab, wie wundervoll der Einzug in die gemeinsame Wohnung, und wie außergewöhnlich, als sie sich schließlich ebenfalls darauf freute, mit uns ein Kind zu bekommen.

Schritt für Schritt haben wir unsere Liebste erobert. Nicht immer war es leicht. Und je schwerer es war, umso stolzer sind wir.

Denn alles, was leicht geht, was wir so nebenbei mitnehmen, besitzt für uns keinen sehr großen Wert. Oftmals nehmen wir es gar nicht mehr richtig wahr oder ernst. Also ja, wir wollen gefordert werden! Wir lieben Herausforderungen. Denn Ziele motivieren uns. Sie schenken uns Lebensfreude und halten uns lebendig. Die Hirnforschung hat sogar herausgefunden, dass unser Gehirn schon allein beim Fokussieren auf klare Ziele Endorphine ausschüttet, also Glückshormone.

Uns Ziele zu setzen, macht uns glücklich

Unser Leben bekommt sogar eine Sinnhaftigkeit. Denn jedes neue Ziel bedeutet auch Entwicklung. Und so ist es nicht weiter verwunderlich, dass wir, kaum dass wir ein Ziel erreicht haben, schon gleich nach neuen Herausforderungen suchen. Wir werden also in unserem Leben ständig Dinge haben, die wir noch erreichen wollen. Wünsche, Sehnsüchte, Bedürfnisse zu haben – das ist ein wichtiger Teil unseres Lebens. Wichtig ist nur, sich nicht selbst zu überfordern. Alles braucht Zeit. Manchmal benötigen wir noch etwas innere Reife, bevor wir unser Ziel erreichen können. Vielleicht muss sich unser Blick auf gewisse Dinge erst noch wandeln, oder es gilt, noch Altlasten loszuwerden.

Aber denk daran: „Wo ein Wille ist, ist auch ein Weg." Wir alle kennen diesen Spruch. Nur manchmal kennen wir den Weg noch nicht. Daher sage ich, wenn ich etwas nicht erreiche, immer zu mir selbst: „Noch nicht." In dem Moment weiß ich dann, wenn ich beständig und beharrlich weiter meinen Weg gehe, erreiche ich mein Ziel zum Schluss doch. Diese zwei Worte: „Noch nicht", sind der Schlüssel, der uns hilft, dranzubleiben. Durch Ziele, die nicht sofort greifbar und realisierbar sind, erhalten wir die Chance, über uns selbst hinauszuwachsen. Wir dürfen also ruhig nach den Sternen greifen! Ziele schenken uns Glücksgefühle. Und wenn wir nicht sofort bekommen, was wir wollen, ist das immer wieder auch eine erneute Prüfung, ob wir es wirklich ernst meinen mit unserem Ziel. Ob wir dranbleiben. Ob wir bereit sind, dafür zu kämpfen. Wenn wir uns etwas unbedingt wünschen, setzen wir alle Hebel in Bewegung, um es zu erlangen. Unsere persönlichen Motive und Interessen sind entscheidend, ob wir das Nicht-sofort-Erreichen als Niederlage oder als Ansporn empfinden.

Scheitern bietet uns also im Grunde immer wieder die Möglichkeit, unsere Ziele zu hinterfragen und uns den nötigen Impuls für Veränderungen zu geben. Vielleicht auch, um Dinge loszulassen, Raum zu schaffen für Neues, neue Ziele zu finden. Ziele, die wir nicht sofort erreichen, sind unser Rettungsring. Sie retten uns vor Langeweile, vor Gleichgültigkeit und davor, stehen zu bleiben. Ziele sind unser Antrieb. Sie geben unserem Leben einen Sinn und schenken uns eine Fülle an Erfahrungen.

Was für Ziele hast du?
Was sind deine Herzenswünsche?
Was willst du in deinem Leben verwirklichen?

Wachse über dich hinaus! Spring über deinen Schatten, lass deine Ängste los und nimm die Herausforderungen deines Lebens an. Und wenn du dein Ziel „noch nicht" erreichen kannst, sag dir immer wieder: „Noch nicht" – und finde einen neuen Weg, es zu erreichen. „Noch nicht" ist mein ganz persönlicher Rettungsring, der mich stets zu meinem Ziel bringt.

Entdecke die Kraft der Phantasie

Wir leben in der Fülle – und sehen es nicht. Wir wollen immer nur das, was wir noch nicht haben … Wir jagen dem *einen* Ding hinterher, als ob es um unser Leben ginge und das Glück allein davon abhinge. Dabei haben wir doch bereits alles. Die meisten Menschen leben mit der Überzeugung, es gäbe nicht genug. Sie hätten, bekämen nicht genug, und sie selbst genügten auch nicht. Diese innere Haltung nennt man Mangelbewusstsein. Sie sind den ganzen Tag damit beschäftigt, ihre negative Meinung über sich selbst und andere mit „Besitzen-Wollen" zu kompensieren. Nun, unsere Geisteshaltung bestimmt unsere Wahrnehmung. Wenn ich ständig denke: „Das kann ich mir nicht leisten" oder „Ich habe zu wenig", manifestiert sich genau das. Das Interessante ist: Wenn wir denken, dass wir im Mangel leben und alle anderen viel mehr haben als wir, dann sind wir latent unzufrieden und unglücklich. Dabei wollen wir doch genau das Gegenteil dessen! Wir wollen glücklich und zufrieden sein! Aber wie erreicht man das? Nun, die Antwort ist so einfach, dass sie kaum glaublich scheint: Indem man glücklich und zufrieden *ist*. Glücklich zu sein, ist eine tägliche Entscheidung, die man ganz aktiv fällt. Sich gefühlsmäßig mit der Fülle zu verbinden und innerlich ein „Reichtumsbewusstsein" aufzubauen, ist ebenso eine Entscheidung. Du hast immer die Wahl …

Manche Menschen betrachten das Leben, als wäre es eine Art riesiger Berg, den es zu bewältigen gilt. Sie brechen unter der Last fast zusammen und ängstigen sich vor der Zukunft. Dabei beginnt die Zukunft *jetzt*. Mit deiner Denkweise. Wer sagt denn, dass du das Leben nicht in seiner ganzen Fülle leben darfst? Wer verwehrt dir denn deine Wünsche? Wer hat Macht über dich? Die Antwort ist ganz klar: du selbst. Du hängst noch fest in den ganzen Einschränkungen deines Denkens, und dadurch kannst du nicht frei handeln. Dabei haben wir immer die Wahl: Wir können das, was uns bremst, beenden und uns der Fülle zuwenden, die uns umgibt.

Das Geheimnis unserer Motivation

Und, pssst, es gibt ein Geheimnis: Du solltest nie vollkommen glücklich und zufrieden sein. Warum? Sonst würdest du dich nicht weiterentwickeln. Denn die Evolution hat uns ein inneres Programm eingepflanzt, das uns immer weitermachen lässt: Wir wollen schöpferisch sein. Das ist unsere Motivation, unser Antrieb, unsere Kraft. Wir hatten wenig Geld zum Leben, und meine Mutter war sehr sparsam. Ich konnte nicht alles haben, was ich mir wünschte – und Kinder haben viele Wünsche! Da wir uns keine Bücher kaufen konnten, schleppte ich jede Woche kiloweise Bücher aus der Bibliothek nach Hause. Man könnte meinen, eine Zehnjährige würde Kinderbücher lesen, aber ich verschlang Biografien berühmter Leute oder Reiseberichte. Eines meiner Lieblingsbücher war *Kontiki* von Thor Heyerdahl. Mich faszinierte immer der unbändige Wille starker Persönlichkeiten, die sich aus ihren schwierigen Lebensumständen herausgearbeitet haben und auch nach vielen Niederlagen immer wieder aufgestanden sind. Ich sah nicht mehr, dass ich weniger hatte als meine Mitschüler – ich sah die Fülle an Möglichkeiten, meinen eigenen Weg zu gehen. Ich sah, wie man immer wieder neue Dinge ausprobieren darf und das Leben einen dafür belohnt. Ich begann, mir mein Leben auszumalen und mir vorzustellen, wie es sein würde. Mein Rettungsring in der ganzen Zeit war und ist bis heute meine Phantasie. Ich stelle mir alles genau vor, wie ich es haben will. Den Ausgang einer Vertragsverhandlung, die Summe, die ich monatlich verdiene und auch die Reisen, die ich machen möchte. Ich plane meinen Tag, meinen Monat, mein Jahr, meine Zukunft. Ich entscheide mich dafür, in der Fülle zu leben. Wenn etwas – noch – nicht klappt, dann falle ich nicht gleich innerlich zusammen oder denke „Das darf ich nicht haben", sondern optimiere meinen Plan, um dann weiterhin beharrlich auf mein Ziel hinzuarbeiten.

Der Unterschied zwischen „Erfolg", „Reichtum" und „Fülle" ist groß. Man kann Erfolg haben, ohne reich zu sein und in der Fülle zu leben. Man kann reich sein und viel Geld haben, ohne Erfolg zu haben und in der Fülle zu sein. Aber man kann immer emotional in der Fülle leben, ohne im materiellen Sinne reich zu sein oder Erfolg zu haben. Wir können das Glück nur spüren, wenn wir uns in der inneren Fülle befinden. Und da kannst auch du deinen „Rettungsring Phantasie" benutzen: Stell dir vor, du wachst morgens auf, und all deine Probleme sind weg. Es gibt weder Einschränkungen noch ein Scheitern für deine Vorhaben. Wie fühlt sich das an? Mach diese kleine Übung die nächsten Wochen lang jeden Morgen gleich nach dem Aufwachen. Du wirst merken, wie leicht und glücklich du dich fühlen wirst – einfach nur durch die Annahme, dass alles gut ist und du so sein darfst, wie du bist. Geh deinen eigenen Weg und ignoriere die Meinung anderer. Sie wollen dich wieder im Mangel sehen und halten, damit du Dinge kaufst, die du nicht wirklich brauchst und Dinge tust, die du nicht wirklich willst. Entscheide dich jetzt dafür, in der Fülle zu leben – dann wird dein Leben aus lauter glücklichen Momenten bestehen.

Freigeliebt

Wenn ich gefragt werde, wann mein Leben so richtig lebenswert geworden sei, dann antworte ich immer: „Als ich Pierre kennengelernt habe."

Bis dahin hatte ich zwar Beziehungen, aber mit Pierre hat ein neues Kapitel in meinem Leben begonnen. Durch ihn habe ich mich selbst lieben gelernt. Unsere Beziehung hat auf eine sehr besondere Weise angefangen: Wir haben uns am Telefon die Ehe versprochen, ohne einander wirklich zu kennen. Wir hatten uns nur an einem einzigen Abend in Berlin gesehen – inmitten von Kollegen, die sich nach der Theatervorstellung alle im Restaurant trafen.

Ich war gerade aus einer Beziehung ausgestiegen und hatte von Männern erst einmal genug. Ich kam „zufällig" neben Pierre zu sitzen, und wir sprachen den ganzen Abend gleich über wesentliche Dinge. Ich war überrascht – ich hatte nicht damit gerechnet, dass ich mit einem wildfremden Menschen über so altmodische Begriffe wie „Demut" und „Dankbarkeit" ein berührendes Gespräch führen würde. An dem Abend verabschiedeten wir uns – noch ohne uns erkannt zu haben, oder doch schon?

Irgendetwas in mir hat noch drei Wochen danach diesen Mann anrufen wollen. Ich wählte seine Telefonnummer, und er hob ab. Ab diesem Zeitpunkt waren wir in stundenlangen Gesprächen seelisch miteinander verbunden. Unsere Ansichten, Werte, Weltbilder, Philosophie, Einstellungen zum Leben – zur Liebe, Familie, Partnerschaft – das alles war wie ein magischer Tanz zweier Seelen umeinander. Als hätten wir uns schon eine Ewigkeit gekannt und machten in diesem Leben nur genau an dem Punkt wieder weiter, wo wir im vergangenen Leben aufgehört hatten. Pierres Fähigkeit, genau hinzuhören, mich mit seiner Liebe zu heilen, zu befreien, mir das Urvertrauen wiederzugeben, hat mich vollkommen überwältigt. Seine Herzqualität und Sensibilität sind immens groß. Mit diesem Mann wollte ich eine Familie gründen, und mit diesem Mann will ich alt werden. Er ist der wundervollste Vater für unsere Tochter, und jeder Schwiegersohn wird es schwer haben, diesem vorgegebenen Männerbild standzuhalten.

Das, was mich am meisten berührt hat, waren unsere stundenlangen Gespräche – die bedingungslose Offenheit, das Zeigen unserer gegenseitigen emotionalen Verletzungen und das Ringen um Ganzheit und um Verständnis für die Unfähigkeiten. Unsere Beziehung war von Anfang an auf vollkommene Offenheit und Ehrlichkeit aufgebaut. Deswegen kann und konnte sie den Krisen bis jetzt immer trotzen, denn wir wissen, was wir aneinander haben.

Wir wissen auch, welche Stürme des Lebens auf uns zukommen können, und sind unendlich dankbar, im jeweils anderen den Liebespartner und gleichzeitig besten Freund fürs Leben gefunden zu haben. Unsere Beziehung beruht auf Freiwilligkeit. Sie hat sich durch das bewusste Betrachten aller mitgebrachten Mechanismen und Muster von jeglicher Abhängigkeit und Verlustängsten befreit.

Wir „brauchen" einander nicht – wir lieben uns freiwillig. Wir sind einer fasziniert von der starken und facettenreichen Persönlichkeit des anderen und bejahen immer wieder den gemeinsamen Weg.

Lieben bedeutet, sich hinzugeben

Eine erfüllte Liebesbeziehung kann man nicht vom Verstand her kontrollieren und steuern. Die eigene Fähigkeit, glücklich zu sein und die Hingabe an den Moment zu leben, erfordert viel Urvertrauen. Dieses Urvertrauen wurde uns beiden nicht in die Wiege gelegt. Wir durften es neu aufbauen, haben einander auf diesem Weg gegenseitig an die Hand genommen und sind sehr behutsam miteinander umgegangen.

Als besonders schön empfinde ich es, dass wir zwar als Individuen eine Berufung im Leben haben und uns darin auch gegenseitig unterstützen, aber wir auch als Paar eine gemeinsame Berufung leben: als Mentaltrainer und Buchautoren. Meiner Meinung nach hat eine Beziehung auch eine gemeinsame Aufgabe, die nur dieses Paar in dieser besonderen Kombination erfüllen kann. Doch viele Paare machen sich gar nicht auf die Suche nach dieser Aufgabe, sondern verstricken sich in Konkurrenzkämpfe miteinander. Was für eine Verschwendung von kostbarer Energie und Lebenszeit! Ich finde es wundervoll, meine eigene Entwicklung voranzutreiben, Pierres Entwicklung zu unterstützen und ein gemeinsames Ziel zu verfolgen, um das weiterzugeben, was wir für uns gefunden haben.

Wir beide haben zum Beispiel einer den Lebenszweck des anderen zu seiner obersten Priorität gemacht. Ohne viel zu überlegen, haben wir uns gegenseitig vollkommen hingegeben. Auf allen Ebenen. Wir unterstützen uns in allem, was wir tun. So ist es für Pierre das Wichtigste, dass ich glücklich und erfüllt bin, und für mich ist es das Wichtigste, dass Pierre glücklich und erfüllt ist. Zwischen uns gibt es kein Konkurrenzgehabe, keine Machtspiele und keine Angst vor Entwicklung.

Die Rettungsringe in unserer Beziehung sind: Hingabe, Vertrauen, Respekt, Ehrlichkeit, Loyalität, Treue und Humor. Allen Schwierigkeiten begegnen wir gemeinsam und die daraus entstehenden Herausforderungen betrachten wir miteinander. Pierre hat mich von meinen Ängsten befreit und ihnen keinen Raum mehr gegeben. Meine Angst vor Liebesverlust hat er behutsam und zart weggeküsst. Ihm konnte ich alles sagen und mich völlig fallenlassen. Er hat alle Seiten von mir gesehen, und ich habe alle Seiten von ihm gesehen. Gemeinsam haben wir unserer Beziehung die Qualität gegeben, die uns wichtig ist und die nach außen strahlt.

Wir haben uns in guten und in schlechten Tagen ganz wahrhaftig gezeigt und uns gegenseitig gehalten und gestützt. Dadurch haben wir eine Basis errichtet, die uns stark macht und Kraft gibt. Die Gewissheit, geliebt zu werden, ohne Bewertung der Person und frei von Mechanismen, ist von überfließender Freude erfüllt. Wir sind miteinander verbunden und spüren diese Verbundenheit in jedem Augenblick. Wir haben uns Zeit gelassen, einander gegenseitig kennenzulernen, und doch ging alles ganz schnell. Liebe kennt keine Zeit.

Pierre als „Rettungsring" für mich zu bezeichnen, träfe es nicht annähernd: Er hat mir gezeigt, was Liebe ist. Das ist das wertvollste Geschenk, das ein Mensch einem anderen Menschen machen kann. Ich danke dir dafür, Pierre.

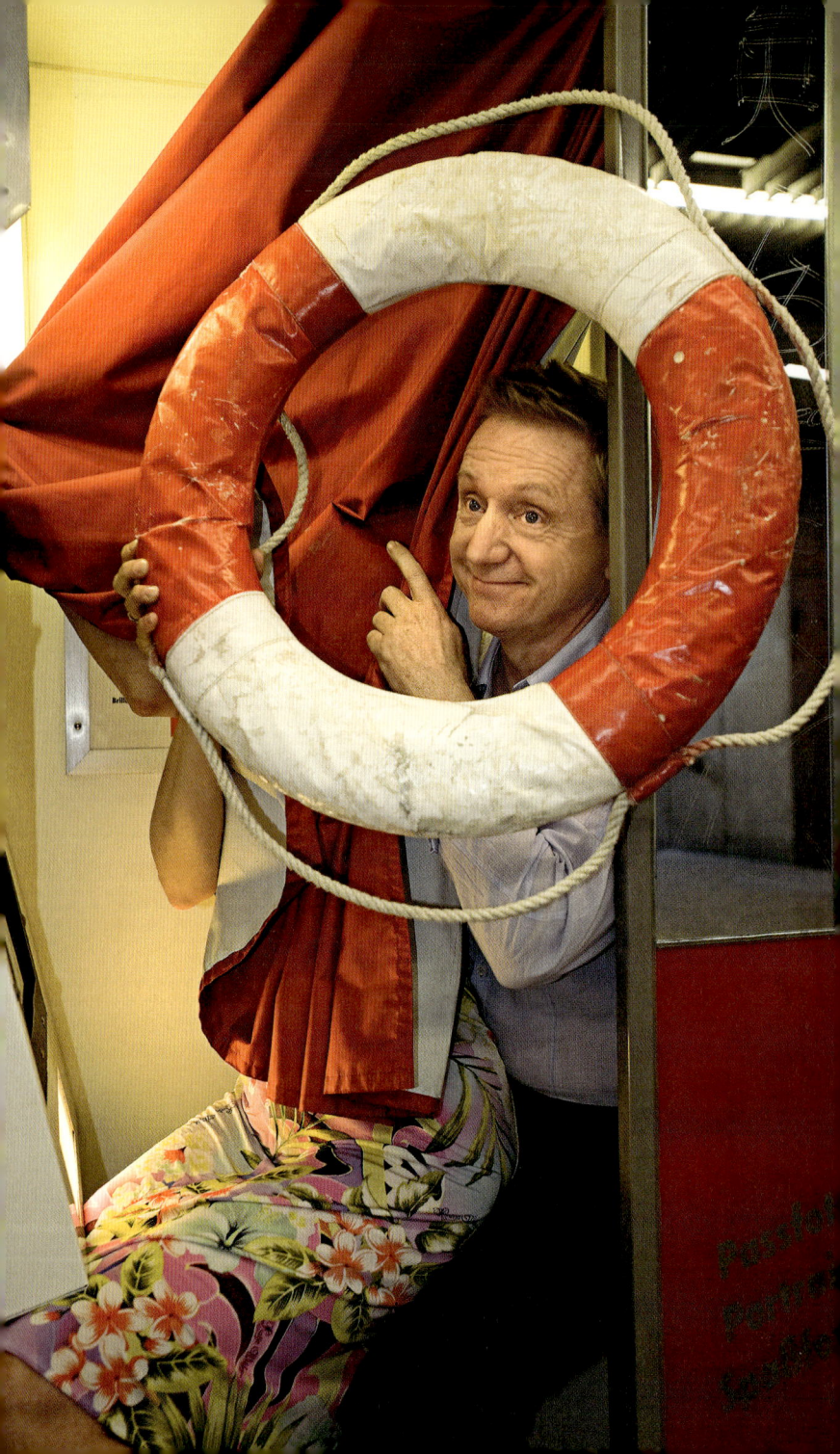

Weil ich dich so lieb hab'

Der beste Rettungsring durch all die turbulenten Zeiten einer Partnerschaft? Eigentlich ganz einfach. Zu Beginn haben wir das stets getan. Nur irgendwann haben wir es irgendwie vergessen. Aber wir können es nachholen. Wäre heute nicht ein guter Tag dafür? Bitte deine Liebste, einfach einmal still zu sein. Und zwar für eine längere Zeit. Denn das, was du zu sagen hast, wird etwas dauern. Schließlich bist du nicht mehr so geübt darin. Und es hat sich außerdem viel angesammelt.

Also, los geht's: Der beste Rettungsring ist, einfach mal das zu sagen, was du solange nicht mehr erwähnt hast. Sag deinem Partner, wie sehr du ihm dankbar bist. Für all die Liebe. Für all die Fürsorge. Für all die Zeit.

Am Anfang unserer Partnerschaft war ich ständig dankbar. Wer wäre das nicht auch bei dieser wundervollen Frau. Aber wenn man dann länger zusammen ist, verliert sich so manches. Seltsam, wie das Gehirn so arbeitet. Ich glaube, ich werde es ihr heute Abend sagen. Oder morgen? Ist nicht Sonntag ein guter Tag? Nein, heute. Jetzt!

Der beste, größte und wundervollste Rettungsring in jeder Partnerschaft ist das Danke-Sagen. Es muss kein Blumenstrauß sein. (Auch wenn Frauen Blumen lieben.) Und auch kein Schmuck der Welt kann diese Worte aufwiegen. (Obwohl – manche Frauen haben gerne beides.) Ich finde Worte praktischer, weil man sie ständig einsetzen kann.

193

Also Michaela: Ich liebe dich. Und ich weiß gar nicht, wie ich es verdient habe. Aber danke. Danke. Danke. Danke, dass es dich gibt! Dass du da bist und meine Liebe sogar erwiderst.

Manchmal wird die Liebe durch den Alltag verdeckt. Ich weiß das. Aber du siehst durch den Schleier einfach hindurch. Danke dafür. Und danke für deine Treue. Danke, dass dir all die anderen „Super-Duper-Typen" da draußen in der Welt schnuppe sind. Oder du mich das zumindest glauben lässt. Und das schon seit 20 Jahren.

Und danke für das gemeinsame Aufwachen. Und das Zusammen-in-die-Badewanne-Gehen. Danke für das gemeinsame Kochen und dein wundervolles Gesicht, wenn es dir schmeckt. Danke auch für das Ertragen all der Launen. Ich habe zwar selten welche, so alle fünf Jahre glaube ich, aber danke dafür. Na gut, die Intervalle könnten womöglich auch kürzer sein. Deswegen sage ich doch am besten nochmal Danke dafür. Du meine Güte, jetzt habe ich den Faden verloren! Das hast du nun davon …
Ach ja, und danke, dass du an mich glaubst. Dein Glaube an mich stärkt auch meinen eigenen. Mit dir könnte ich Bäume ausreißen. Nicht, dass ich das tun wollte, nein, keine Sorge und nein, ich hab es auch noch nicht gemacht. Und nein wirklich, ich habe es auch nicht vor! Ich meine doch nur, ich könnte es. Mit dir. Also gut, das war ein schlechtes Beispiel. Ich meinte doch nur, mit dir fühle ich mich so stark, dass ich einen LKW hochheben könnte. Was? Aber nein, warum sollte ich das tun? Na gut, lassen wir das. Keine Beispiele mehr.

Was ich sagen wollte ... Ich liebe dich

Auch wenn ich das viel zu selten sage. Ich liebe dich, weil du da bist. Noch immer. Immer noch. Auch nach 20 Jahren.

Und weil du mich lachen lässt. Und weil du mir zuhörst und mit mir redest. Manchmal auch flüsterst. Das mag ich am liebsten. Weil keiner dir das zutraut. (Das Flüstern schon, natürlich, aber nicht die Worte.)

Ich liebe dich, weil ich durch dich einfach mehr bin. Und ja, auch weil du mir so oft in den Hintern trittst. Das ist nicht schön, aber nützlich. Nicht nur für dich. Leider auch für mich. Und ich liebe dich, weil du hinter mir stehst. Oft auch neben mir. Und manchmal auch weit voraus, und dann muss ich mich sputen. Und, oh ja, ich liebe dich, weil du mit mir das Wagnis eingegangen bist, ein gemeinsames Kind zu bekommen. Und weil du mir vertraust. Und weil du mich vergessen lässt, was ich früher für ein Mensch gewesen bin.

Und weil du an mich denkst, mit all den Kleinigkeiten. Und dein Leben mit mir planst. Und ja, auch, weil es mit dir keinen Alltag gibt. Jeder Tag ist einfach unberechenbar anders. Was? Mit „unberechenbar" meine ich, unberechenbar schön. Ist doch klar, oder? Ja, natürlich, du hast recht, überraschend schön, das ist das bessere Wort. Und ja, danke, dass ich durch dich endlich die deutsche Grammatik begreife. Was? Ja, das war ein Witz. Nein, ich wollte nicht den Gesamteindruck zerstören.

Eigentlich ist es doch ganz einfach. Ich liebe dich, weil mein Leben durch dich erst einen Sinn bekommt. Schön, dass du da bist. Noch immer. Immer noch. Nach 20 Jahren.

Das, meine Damen und Herren, ist der beste Rettungsring für jede Partnerschaft. Achtung. Anerkennung. Zuneigung. Und: Nicht nur denken! Sagen. Immer und immer wieder. Sagen! Wenn wir uns ärgern, sagen wir es ja auch. Und zwar laut und vehement. Als Ausgleich könnten wir doch unserem Partner in derselben Lautstärke und mit derselben Vehemenz mitteilen, wie lieb wir ihn haben und wie verloren wir ohne ihn wären.

Wenn unser Partner weiß, wie kostbar und wundervoll er ist, und welchen Wert er für uns besitzt, bekommt auch sein Leben einen Sinn. Es gibt kein größeres Geschenk. Auch bei Michaela und mir ist es so. Unser Motto in unserer Partnerschaft lautet ganz einfach:

Gib immer doppelt soviel Freundlichkeit und Zärtlichkeit wie Unmut und Ungeduld.

Ganz ehrlich, liebe Männer: Wenn wir immer wieder einmal aufrichtig Danke sagen und es auch so meinen und es auch so sehen – Frauen haben für den Wahrheitsgehalt unserer Worte irgendwie einen eigenen Sensor –, brauchen wir keinen Rettungsring mehr. Dann sind wir bereits gerettet.

Und keine Sorge, Michaela, ich hebe keinen LKW hoch. Aber ich könnte. Ich tue es nicht. Deinetwegen. Nur deinetwegen. Ja, und danke, dass du nicht darauf bestehst.

Was? Ich verstehe nicht ganz. Wofür bist du dankbar? Dass ich jetzt das Katzenklo sauber mache? Na, prima. Das hat sich ja gelohnt. Und was? Ich kann auf dem Weg nach draußen gleich den Müll mitnehmen???

Na, danke aber auch. Ich hätte doch bis Sonntag warten sollen. Na ja, da kann ich es ja dann noch mal sagen. Und weißt du warum? Weil ich dich so lieb hab'.

Und übrigens, um „Danke" zu sagen, braucht es keine 20 Jahre Partnerschaft und keinen besonderen Moment.

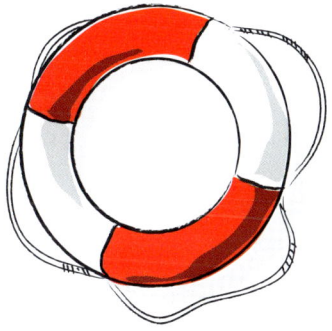

Die Autoren

Die Bestsellerautoren Pierre Franckh und Michaela Merten gehören mit einer Gesamtauflage von über 2 Millionen Büchern zu den erfolgreichsten deutschen Autoren. Die mittlerweile über 60 Titel sind in 21 Ländern erschienen.

Pierre Franckh und Michaela Merten halten Vorträge auf der ganzen Welt vor ausverkauften Häusern. Als Coaches und Mental-Trainer sind sie in der Wirtschaft tätig, ebenso für viele Ärzte, Diplom-Psychologen, Kinesiologen und Heilpraktiker. Nach ihren Regeln und Anweisungen haben unzählige Menschen ihr Leben positiv verändert.

Pierre Franckh und Michaela Merten leiten auch Wochenend-seminare.

Das Eingehen auf persönliche Fragen und Anliegen während des Seminars gibt einen tieferen Einblick in die eigenen Verhaltensweisen der bisherigen Lebensgestaltung und zeigt Möglichkeiten auf, wie man aus dem Kreislauf der einengenden Muster aussteigen und neue Lebensqualität gewinnen kann.

Wenn wir einmal die mentale Kraft und damit die persönliche Macht gespürt haben, Dinge in unserem Leben nach unserem Willen zu verändern, erhalten wir nicht nur unser Selbstwertgefühl zurück, sondern auch das Gefühl, eine ausgeglichene Person zu sein. Beginnen wir, unsere Sehnsüchte und Ziele erfolgreich umzusetzen, dann fühlen wir uns glücklich. Wir fühlen uns als aktiven Teil der Welt, die wir nach unseren Wünschen gestalten. Wir gehen heraus aus der ohnmächtigen Abhängigkeit von anderen und hinein in die eigenständige Unabhängigkeit.

Sobald man einmal das Prinzip der mentalen Kraft verstanden hat, und auch tatsächlich erfahren hat, wie es funktioniert, wird sich das ganze Lebensgefüge ändern.

Wunder geschehen jeden Tag. Warum nicht auch bei dir?

Alle Termine findest du auf der Website von Pierre Franckh: www.pierrefranckh.de
Möchtest du gerne mehr Informationen, dann bestell doch auf der Website einfach den kostenlosen Newsletter.

Coach-Ausbildung

Die Erfolgreich-wünschen-Coach-Ausbildung mit Pierre Franckh und Michaela Merten richtet sich an alle, die als Coach arbeiten möchten bzw. beabsichtigen, dieses Training in ihr bisheriges Beratungsangebot zu integrieren.
Coaching ist ebenso spannend wie herausfordernd. Man kann Menschen in ihrer beruflichen und persönlichen Entwicklung unterstützen und zugleich an deren Veränderungen teilhaben.
In der Coach-Ausbildung und in der späteren Arbeit werden auch Sie sich verändern und entwickeln.
Nur wer selbst einen Coaching-Prozess durchlaufen und sich dabei weiterentwickelt hat, kann erfolgreich coachen. Mit dieser umfassenden Ausbildung erhältst du genau das Rüstzeug, um andere Menschen umfassend zu unterstützen.

Ausbildungstermine: jeweils 5 Intensivseminare
Ausbildungsdauer: 1 Jahr
Anmeldung unter: www.pierre-franckh.de

Impressum

© 2012 by Südwest Verlag, einem Unternehmen
der Verlagsgruppe Random House GmbH,
81637 München.

Projektleitung:
Dr. Harald Kämmerer

Leitung der Fotoproduktion:
Sabine Kestler

Layout, Umschlaggestaltung, Satz und Fotografie:
Christian Martin Weiss

Redaktion:
Isabella Kortz

Lithografie:
JournalMedia, München

Druck und Verarbeitung:
Mohn media Mohndruck GmbH, Gütersloh

Printed in Germany

ISBN 978-3-517-08783-2
9817 2635 4453 6271

MIX
Papier aus verantwor-
tungsvollen Quellen
FSC® C011124
www.fsc.org

Verlagsgruppe Random House FSC-DEU-0100
Das für dieses Buch verwendete FSC®-zertifizierte
Papier *Profimatt* liefert Sappi, Ehingen.